Andreas Schlüter · Irene Margil

Startschuss · Fallrückzieher

Fünf Asse

STECKBRIEF

Michael: Athlet

Alter:
12 Jahre

Nation:
USA

Geschwister:
keine

Hobby:
Krafttraining

Lieblingsfarbe:
gold

Sternzeichen:
Widder

Schwäche:
protzt manchmal mit seinen Muskeln

Stärke:
meistens schnell im Handeln

Motto:
„Köpfchen allein genügt nicht. Kraft gehört dazu!"

Lieblingsfächer:
Gibt es nicht!

Berufswunsch:
Sport-Animateur, Fitnesstrainer

Geschwister:
Schwester Huo

Hobby:
Pflanzen, Bo

Lieblingsfarbe:
grün

Sternzeichen:
Löwe

Schwäche:
manchmal g

Stärke:
ruhig und

Motto:
„Es gibt

Lieblingsfä

Biologie

Berufswu

Richte

STECKBRIE

Jabali: Läufer

Alter:
12 Jahre

Nation:
Südafrika

Geschwister:
Bruder Rasul, 6 Jahre

Hobby:
Eisherstellung

Lieblingsfarbe:
täglich wechselnd

Sternzeichen:
Waage

Schwäche:
ist manchmal lieber allein

Stärke:
ausdauernd, geduldig

Motto:
„Nicht weglaufen, sondern hinlaufen!"

Lieblingsfächer:
Mathematik

Berufswunsch:
Sportwissenschaftler

CKBRIEF

Kämpferin

re

Deutschland, ihre
kommen aus Vietnam

re

umen

wie eine Giftschlange

en

en Weg.“

rs: Pflanzenkunde

STECKBRIEF

Ilka: Schwimmerin

Alter:
12 Jahre

Nation: Australien, die Eltern kommen aus Deutschland

Geschwister:
keine

Hobby:
Zierfische, Salzwasseraquarium

Lieblingsfarbe:
türkisblau

Sternzeichen:
Skorpion

Schwäche:
hasst ihre Sommersprossen

Stärke:
unternehmungslustig, zuverlässig

Motto:
„Achte jedes Tierchen!“

Lieblingsfächer:
Physik, Chemie, Biologie

Berufswunsch:
Meeresbiologin oder Sportärztin

STECKBRI…

Lennart: Ballkünstler

Alter:
12 Jahre

Nation:
Deutschland

Geschwister:
keine

Hobby:
Jonglieren und Bällesammeln

Lieblingsfarbe:
Linhs Augenfarbe

Sternzeichen:
Schütze

Schwäche:
manchmal hektisch und nervös

Stärke:
lebendig, kommunikativ

Motto:
„Erst zielen, dann handeln.“

Lieblingsfächer:
Englisch, Deutsch

Berufswunsch:
Dolmetscher

© privat

Andreas Schlüter, geboren 1958, ist einer der erfolgreichsten Kinder- und Jugendbuchautoren der letzten Jahre. Gleich sein erstes Buch ›Level 4 – Die Stadt der Kinder‹ wurde ein Bestseller. Neben den zahlreichen ›Level 4‹-Bänden sind auch seine ›Heiße Spur ...‹-Abenteuer um Marion und das sprechende Chamäleon bei dtv junior im Taschenbuch lieferbar.
Zusätzliche Informationen über Andreas Schlüter und seine Bücher stehen unter www.aschlueter.de und www.fuenf-asse.de zur Verfügung.

© Iris Hogreve

Irene Margil, geboren 1962, entdeckte im Alter von neun Jahren zwei Leidenschaften: Das Fotografieren und den Sport. Das Fotografieren machte sie zu ihrem Beruf, den sie bis heute in Hamburg ausübt. Basketball, Skifahren, später Wen-Do und Karate waren ihre bevorzugten Sportarten, bis sie mit 33 Jahren das Laufen entdeckte. Sie läuft Halbmarathon und Marathon. Daneben ist Irene Margil ausgebildete Lauftherapeutin und Nordic-Walking-Trainerin. ›Fünf Asse‹ ist ihr erstes gemeinsames Buchprojekt mit Andreas Schlüter bei dtv junior. Zusätzliche Informationen über Irene Margil und ihre Bücher unter www.irenemargil.de.

Andreas Schlüter · Irene Margil

Startschuss
Fallrückzieher

Zwei Sport-Krimis

Mit zwei Daumenkinos
von Karoline Kehr

Deutscher Taschenbuch Verlag

Zum Band ›Startschuss‹ gibt es ein Unterrichtsmodell unter
www.dtv.de/lehrer
zum kostenlosen Download

In der Reihe ›Fünf Asse‹ sind außerdem lieferbar:
Schulterwurf (Judo)
Schmetterball (Tischtennis)
Fehltritt (Klettern)
Abgetaucht (Schwimmen)
Spielmacher (Basketball)
Doppeltreffer (Fechten)
Stromschnelle (Kajak- und Kanufahren)
Freiwurf (Handball)
Kälteschock (Eishockey)
Vollbremsung (Go-Kart)

Das gesamte lieferbare Programm
von dtv junior und viele andere
Informationen finden sich unter
www.dtvjunior.de

MIX
Papier aus verantwortungsvollen Quellen
FSC® C019821

Unveränderte Ausgaben 2012

Umschlagkonzept: Karoline Kehr
Umschlagbild: Karoline Kehr
Gesetzt aus der Lucida Sans 11/14,5
Gesamtherstellung: Druckerei C. H. Beck, Nördlingen
Gedruckt auf säurefreiem, chlorfrei gebleichtem Papier
Printed in Germany · ISBN 978-3-423-71507-2

Startschuss

Die Fünf Asse

1200 Energieriegel, 3000 Brötchen, 150 Kilogramm Nudeln, 120 Gläser Tomatensoße, 166 Kästen Mineralwasser, 30 Pfund Butter ... Ilka stand in der Aula vor einem Berg aus Kartons, der am Morgen angeliefert worden war, und hakte jeden einzelnen Posten gewissenhaft auf ihren Listen ab.

Michael sah ihr einen kurzen Moment zu. Ein Blick auf die Energieriegel ließ ihm das Wasser im Mund zusammenlaufen. Besonders die mit Kokosgeschmack liebte er über alles. Da konnte man gar nicht widerstehen, selbst wenn man wollte. Aber Michael wollte gar nicht. Wie von selbst griff seine Hand in den Karton.

Doch Ilka ging sofort dazwischen. »Finger weg!«

Michael zuckte erschrocken zurück. »Wieso denn?«, fragte er unschuldig. »Das fällt doch gar nicht auf bei der Menge!«

»Mir ist es aber aufgefallen«, stellte Ilka klar. »Die Verpflegung ist für unsere Gäste. Kommt überhaupt nicht infrage, dass du die vorher wegfrisst.«

»Wegfrisst!«, wiederholte Michael launig. »Wenn ich mal einen Riegel nehme. Guck lieber mal, was Lennart da macht.«

Michael zeigte an Ilka vorbei auf etwas, das sich hinter ihrem Rücken abspielte. Sie drehte sich um und stieß einen Entsetzensschrei aus.

Lennart stand zwischen den Kartons und jonglierte mit sechs rohen Eiern.

»Hör sofort auf damit!«, fuhr Ilka ihn an.

»Will ich ja«, beteuerte Lennart. »Geht aber nicht! Wenn ich die jetzt auffange, gehen sie kaputt!«

Ilka stützte die Hände in die Hüften, verzog ihr Gesicht zu einer bösen Miene und fragte in spitzem Ton: »Soll das heißen, du musst jetzt bis an dein Lebensende mit den Eiern jonglieren?«

Michael lachte: »So ein Blödmann. Wirft Eier in die Luft und weiß nicht, wie er wieder damit aufhören soll.«

»Helft mir lieber mal«, flehte Lennart. Es war für ihn kein Problem, die sechs Eier in der Luft zu halten. Er war ein ausgezeichneter Jongleur und ließ kaum eine Gelegenheit vergehen auszuprobieren, womit man alles jonglieren konnte.

»Lass sie doch einfach auf deinem Kopf zerplatzen, du Eierkopf«, schlug Michael vor.

»Das tust du nicht!«, widersprach Ilka. »Ich will hier keine Sauerei zwischen den Kartons haben.«

Ihr Tonfall wurde merklich ungeduldiger. Sie hatte die Aufgabe übernommen, die Lieferungen und den Lagerbestand der Lebensmittel zu überprüfen, die in der Aula aufgestapelt worden waren. Von hier aus gingen sie in die Küche der Schulkantine, in der in den nächsten Tagen ein paar Dutzend freiwillige Helfer für rund 1000 Gäste Essen zubereiten würden.

Es war an der James-Connolly-Schule[*] – einer Gesamtschule mit dem Schwerpunkt Sport – schon zu einer Tradition geworden, alle vier Jahre kurz vor Beginn der Olympischen Sommerspiele eine eigene Mini-Olympiade zu organisieren. Am liebsten hätte

[*] James Connolly gewann bei den Olympischen Spielen in Athen 1896 den Dreisprung-Wettbewerb mit 13,71 m und wurde damit der erste Olympiasieger der Neuzeit überhaupt. Da ihm eine Freistellung von der Universität nicht zugesprochen wurde, um an den Spielen teilzunehmen, ging er ohne Genehmigung und wurde rausgeworfen. 1949, im Alter von 83 Jahren, verlieh ihm aber seine Universität die Ehrendoktorwürde. 1896 gewann er den Dreisprung-Wettbewerb, wurde Zweiter beim Hochsprung und Dritter beim Weitsprung.

die Schule natürlich ein richtiges, internationales Sportfest auf die Beine gestellt. Doch das überstieg die Möglichkeiten der kleinen Schule, die zur Hälfte von einer Sportstiftung finanziert wurde. Auch so gab es schon genug Arbeit. 1000 Schüler aus zehn über ganz Deutschland verstreuten Schulen wurden dazu eingeladen. Und kaum war ein Fest zu Ende, begann schon wieder die Planung fürs nächste.

Bei der letzten Mini-Olympiade waren weder Ilka noch einer ihrer besten Freunde Michael, Lennart, Jabali oder Linh dabei gewesen, denn die Schule begann erst mit der fünften Klasse. Jetzt waren sie alle in der sechsten.

Bisher hatten sie nur an verschiedenen kleineren Wettkämpfen in und außerhalb der Schule teilgenommen – und die meisten auch gewonnen.

Jeder einzelne der fünf war in seinem Bereich ein echtes Sportass. Und weil ausgerechnet diese fünf sich schnell angefreundet hatten und eine richtige Clique bildeten, hatten sie in der Schule auch bald ihren Spitznamen weg: die Fünf Asse.

Sie waren nicht nur die beste Sportclique, die die Schule je gesehen hatte, sondern auch eine international bunt gemischte Gruppe. Nur Lennart war Deutscher, Linh zwar ebenfalls in Deutschland geboren, ihre Familie aber stammte aus Vietnam. Ilka war mit ihren Eltern aus Australien eingewandert, Michael aus den USA und Jabali war mit seiner Familie aus Südafrika gekommen.

Jetzt freuten sich alle fünf sehr auf das große Ereignis. Und jeder hatte gleich mehrere Aufgaben übernommen, um zum Gelingen des Festes beizutragen.

Noch immer jonglierte Lennart mit den sechs rohen Eiern, während Ilka ihm ratlos zuschaute.

»Habt ihr hier einen Edding? Ich soll die Hinweisschilder malen.« Linh kam in die Aula. Ihr Blick fiel sofort auf Lennart.

»Wow!«, sagte sie anerkennend. »Sind die roh?«

Ilka nickte. »Allerdings.« Sie erklärte kurz das Problem.

»Das wird schon«, grinste Michael und klopfte Lennart auf die Schulter. Lennart schwankte durch den Klaps und schrie entsetzt auf. Im letzten Moment konnte er ein größeres Unglück verhindern.

In dem Augenblick griff Linh ein. Mit zwei blitzartigen Bewegungen fing sie zwei Eier aus der Luft, wie ein Chamäleon sich ein Insekt schnappt, und steckte sie zurück in die Packung.

»Super!«, freute sich Lennart.

Ilka und Michael staunten. Besonders Michael zeigte seine Hochachtung: »Das war so schnell, das hab ich gar nicht mitbekommen.«

Wieder schlug Linh zu. Links-rechts, zack-zack. Mit jeder Hand holte sie sich ein Ei. Eins legte sie in die Packung, das andere zerschlug sie auf Michaels Kopf.

Michael quiekte auf, fasste sich in die Haare und hatte die Hände voller Eiglibber.

»Das war, weil du Lennart geschubst hast«, erklärte Linh.

Das Ei lief Michael langsam übers Gesicht. Lennart grinste ihn an und legte die beiden letzten Eier zurück.

Da kam Jabali in die Aula gelaufen. Jabali machte alles im Laufschritt. Keiner seiner Freunde konnte sich daran erinnern, ihn mal irgendwo im ruhigen Schritttempo gesehen zu haben. Als ob er Angst hätte, auf dem Boden kleben zu bleiben, wenn er nicht alles laufend erledigte.

»Die Wettkampf-Trikots sind da!«, rief er aufgeregt.

Das war das Stichwort, auf das alle gewartet hatten. Ohne auch nur eine Zehntelsekunde zu zögern, ließen sie alles stehen und liegen und rannten hinter Jabali her. Vermutlich hätte Lennart jetzt auch alle rohen Eier auf den Boden fallen lassen, wenn er noch mit ihnen jongliert hätte.

Zu jeder Mini-Olympiade bekamen die Teilnehmer der Schule neue Trikots, die jedes Mal von einem anderen Sponsor bezahlt wurden. In diesem Jahr hatte ein Sportartikelhersteller die Kosten übernommen, sodass die Werbung auf den Trikots gar nicht auffiel. Es war nur ein kleiner Schriftzug mit dem Markennamen, der ohnehin auf jedem Trikot stand. Die Grundfarbe des Schultrikots war weiß. Aber wie die neuen Trikots genau aussahen, wusste niemand. Entsprechend groß war die Aufregung.

»Wo sind sie?«, fragte Michael.

Jabali zeigte zum Klassenraum. »Sie werden klassenweise ausgegeben.«

Die halbe 6a war schon da und eifrig dabei, die neuen Trikots anzuprobieren, als Jabali, Michael, Linh, Ilka und Lennart ins Zimmer stürmten.

Ein Trikot hing zur allgemeinen Ansicht an der Tafel.

Jabali blieb abrupt stehen, sodass die anderen nacheinander fast gegen ihn geprallt wären.

»Wow!«, rief er. »Sehen die gut aus!«

Dann drängte er sich durch seine Mitschüler hindurch nach vorn zur Kiste und zog sich eines der Trikots heraus.

Die Klassenlehrerin, Frau Susanne Kick, hielt ihn jedoch zurück. »Das sind die T-Shirts mit Ärmeln. Die ärmellosen Laufshirts sind dort.« Sie zeigte auf einen anderen Karton, an dem sich Michael schon zu schaffen machte. Er hatte sich für den Zehnkampf angemeldet und brauchte ebenfalls ein ärmelloses Shirt.

»Gibt es auch Badeanzüge?«, fragte Ilka.

»Natürlich. Einige Mädchen haben sie schon auf die Mädchentoilette mitgenommen. Da könnt ihr sie gleich anprobieren.«

Linh verzog das Gesicht. »Toilettenkabinen als Umkleideräume?«

Frau Kick hob die Schultern. »Hier im Klassentrakt haben wir nichts anderes.«

»Ist doch egal«, fand Ilka und stieß Linh freundschaftlich in die Seite. »Da kannst du deinen Turnanzug auch gleich anprobieren.« Schnell vergewisserte sie sich mit einem Blick zur Lehrerin. »Oder?«

Frau Kick nickte. Und zeigte auf den kleinen Karton mit den Turnanzügen.

Der Sponsor hatte sich wahrlich nicht lumpen lassen. Es fehlte an nichts. Für jede Disziplin gab es den passenden Sportdress.

»Und ich?«, wollte Lennart wissen.

Frau Kick schaute ihn fragend an. Lennart war in nahezu allen Ballspielen einer der Besten. Sie wusste nicht, für welche der vielen Möglichkeiten er sich gemeldet hatte.

»Was spielst du denn?«, fragte sie nach. »Basketball, Handball oder Volleyball?«

»Eierlaufen!«, rief Michael dazwischen.

Aber Lennart hörte nicht auf ihn.

»Ich sprinte«, antwortete er der Lehrerin. »100- und 200-Meter-Lauf!«

Frau Kick schmunzelte. »Natürlich. Die Königsdisziplinen der Leichtathletik. Da darfst du natürlich nicht fehlen.«

»Genauso sehe ich es auch«, lachte Lennart zurück. Im nächsten Moment hatte er eines der Laufshirts auf dem Kopf.

Michael hatte es ihm zugeworfen. »Hier, kleinere gibt's nicht, du Spargel!«

Im Vergleich zu Michael sah Lennart wirklich ein bisschen so aus. Er war lang und schmal und ungeheuer flink und wendig. Michael hingegen war fast einen Kopf größer als Lennart, breit, stämmig und muskulös. Ein echter Athlet, der niemandem zu sagen brauchte, dass er ein Zehnkämpfer war. Man sah es ihm an.

Dabei störte es ihn nicht einmal, dass es Zehnkampf für Zwölfjährige noch gar nicht gab. Meist fanden nur irgendwelche Mehrkämpfe mit unterschiedlichen Disziplinen statt. Michael aber fühlte sich als Zehnkämpfer und trainierte entsprechend alle Disziplinen. Basta. Mehr noch: Im Vorfeld dieser Mini-Olympiade hatte er so lange diskutiert, bis er sich endlich durchgesetzt hatte. Erstmalig fand in diesem Jahr ein Zehnkampf für Zwölfjährige statt.

Von einigen Jungs aus den anderen Schulen hatte er freudige Dankes-Mails erhalten, weil auch sie schon lange Zehnkampf machen wollten, aber nie durften. Sogar Tom vom Grünheim-Gymnasium – in zahlreichen Sportwettkämpfen Michaels größter Rivale – hatte sich bei ihm bedankt; und natürlich gleichzeitig angekündigt, dass er Michael im Zehnkampf schlagen werde.

»Was ist denn mit dir passiert?«, fragte Frau Kick Michael. Erst jetzt hatte sie Michaels eiverschmierten Kopf gesehen.

»Er ist eben ein Eierkopf!«, lachte Lennart.

Michael zog mit seinem neuen Shirt auf die Jungentoilette ab, um sich am Waschbecken erst einmal notdürftig das klebrige Ei aus den Haaren zu waschen, bevor er sich umzog.

»Und? Wie sehe ich aus?«, fragte Jabali in die Runde. Das Shirt strahlte im Kontrast zu seiner dunklen Haut besonders weiß und verlieh dem Dress eine edle Eleganz.

»Wie aus der Waschmittelwerbung«, fand Michael.

»Der schwarze Riese!«, scherzte Lennart. Und auch das stimmte. Wenn sie im Unterricht nebeneinandersaßen, dann war Jabali eigentlich auch nicht größer als Michael, aber wenn er stand, überragte er ihn um einige Zentimeter. Jabali hatte einfach unendlich lange Beine. Gepaart mit der Ausdauer eines Zugvogels machten sie ihn zum idealen Langstreckenläufer. Um seine dunkle Haut wurde er sehr von Ilka beneidet. Ilka war rothaarig und sommersprossig, und das hieß: außerordentlich sonnenempfindlich. Im Sommer einmal zur Schule und zurück ohne Sonnenschutzcreme mit Lichtschutzfaktor 36 und schon hatte sie einen Sonnenbrand, behauptete Ilka immer. Für eine Schwimmerin wie sie, die im Sommer jede freie

Minute im Schwimmbad verbrachte, konnte es keinen schlimmeren Fluch geben.

Jabali hüpfte schon wieder von einem Bein aufs andere wie ein Flummi. Er konnte es gar nicht abwarten, das neue schicke Trikot in der Praxis auszuprobieren.

Seinen Mitschülern erging es nicht anders. Frau Kick konnte ihre Schüler nicht länger zurückhalten. Und sie wollte es auch gar nicht.

»Na, dann los«, rief sie in die Klasse. »Wer sein Trikot hat, geht bitte raus auf den Sportplatz – zum Fotografen für unsere Jahreschronik!«

Unter lautem Gebrüll rannten die Schüler hinaus.

Start der Mini-Olympiade

Endlich war es so weit! Die Mini-Olympiade der Schule begann. Das kleine Stadion des Stadtteilvereins direkt neben der Schule war bis auf den letzten Platz besetzt. 8000 Besucher!

Aber Ilka hatte noch keine Gelegenheit gehabt, ein einziges Mal ins Stadionrund zu gehen, um die grandiose Kulisse zu bewundern. Sie stand vorm Stadion an einem der Stände und hatte noch alle Hände voll zu tun, ganze Berge von Müll wegzuräumen. Jeder der teilnehmenden Schüler hatte zur Begrüßung einen kleinen Stoffbeutel bekommen, in dem ein Fitnessriegel, ein Getränk, ein Begrüßungsschreiben, der Wettkampfplan und noch einige weitere Kleinigkeiten als Präsente verpackt waren. Insgesamt 1000 Beutel hatten sie verteilt.

Das allein wäre noch nicht so schlimm gewesen. Aber irgendjemand in dem Vorbereitungskomitee war auf die Idee gekommen, die Teilnehmer zusätzlich mit einem belegten Brötchen zu begrüßen. Einem Ei-Brötchen.

Am Morgen hatten die Kinder in aller Frühe zusammen mit einigen Eltern also ein paar Hundert Eier gekocht, abgeschreckt, gepellt, geschnitten, auf die Brötchen gelegt, eingewickelt und verteilt. Ein Großteil der Eireste lag nun verstreut rund um die Tapeziertische herum, die als Versorgungsstationen gedient hatten.

Ilka, Jabali, Linh und Lennart wateten, mit Mülltütenschürzen und Plastikhandschuhen bekleidet, durch den Eiermatsch und halfen, den gesamten Vorplatz vor dem Stadion zu reinigen.

»Nie wieder Eibrötchen!«, schwor sich Ilka. Nur zu gern ließ sie sich von der Arbeit ablenken, als Frau Kick angelaufen kam.

»Mensch, hier seid ihr!«, rief die Lehrerin den Kindern von Weitem zu. »Ich habe euch schon überall gesucht. Wo bleibt ihr denn? Der Einmarsch geht gleich los.«

Erschrocken sahen sich die Kinder an. Über die viele Arbeit hatten sie ganz und gar die Zeit vergessen.

»Und ihr seid ja noch nicht einmal umgezogen«, stellte Frau Kick entsetzt fest. Hektisch sah sie auf die Uhr. »Los, los! Ihr habt noch drei Minuten!«

»Drei Minuten?«, wiederholte Linh. Wenn sie etwas nicht ausstehen konnte, dann war es Hektik. Linh war keineswegs langsam oder träge, aber für alles, was sie zu tun hatte, nahm sie sich gern die nötige Zeit und erledigte ihre Dinge sorgfältig.

Ilka hingegen ergriff die Chance. Das ließ sie sich nicht zweimal sagen. Sofort riss sie sich Schürze und Handschuhe vom Leib und war bereit für die Eröffnungsveranstaltung.

Linh warf einen letzten unzufriedenen Blick auf die Müllberge, die noch abgetragen werden mussten. Dann entledigte auch sie sich der Schürze und Handschuhe, um mit den anderen so schnell wie möglich zu ihren Rucksäcken zu laufen. Die hatten sie im Stadion am Rand der Laufbahn bereitgelegt. Für 1000 Teilnehmer reichten natürlich die Umkleidekabinen nicht aus, weshalb die meisten Schüler sich einfach im Stadion umziehen mussten. Die Fünf Asse hatten ihr Sportzeug schon unter ihre Jeans und Shirts gezogen. Jetzt mussten sie die Straßenkleidung nur ablegen und die Schuhe wechseln. Fertig waren sie.

Aus den Lautsprechern ertönte unter großem

Beifall schon die Begrüßungsrede des Schuldirektors. Professor Stölzer hatte es noch nie geschafft, sich kurzzufassen. Das würde ihnen noch einen kleinen zeitlichen Aufschub von mindestens fünf Minuten einbringen, rechnete sich Linh erleichtert aus.

»Wo ist denn Michael?«, fragte Frau Kick. Sie wusste, wenn es irgend ging, dann hockten die fünf zusammen. Deshalb war es mehr als ungewöhnlich, dass er jetzt fehlte.

»Der ist noch zur Toilette«, antwortete Jabali.

»Schon das dritte Mal heute Morgen«, ergänzte Lennart.

Frau Kick warf ihm einen besorgten Blick zu. »Wirklich? Ist was mit ihm?«

Lennart winkte ab. Seiner Meinung nach wollte sich Michael nur vor der Arbeit drücken. Frau Kick ließ es dabei bewenden. Ihre Sorgenfalten auf der Stirn verschwanden aber nicht.

»Gut«, sagte sie. »Beeilt euch. Ich warte hier auf ihn.«

In dem Augenblick kam Michael aber schon. Sein Gesicht war kreideweiß. Er hielt sich den Bauch.

Frau Kick ging sofort auf ihn zu. »Was ist denn mit dir los?«

»Durchfall!«, jammerte Michael. »So ein Mist. Ausgerechnet jetzt. Um halb elf ist mein 100-Meter-Lauf!« Der 100-Meter-Lauf der Zehnkämpfer eröffnete die Mini-Olympiade, unmittelbar nach der Eröffnungszeremonie, die knapp eineinhalb Stunden dauern sollte. Vorausgesetzt, der Direktor hatte bis dahin seine Begrüßungsrede beendet. Er erklärte gerade noch mal den Medaillenspiegel, den natürlich jeder kannte und der auch funktionierte wie bei allen großen, internationalen Wettbewerben.

Je nach Anzahl der Gold-, Silber- oder Bronzemedaillen wurde die Rangliste der Schulen erstellt. Die beste Schule gewann drei nagelneue Achterruderboote. Obwohl das ein sehr wertvoller Preis war, kam es den Schülern aber viel mehr auf den Sieg an sich an. Besser gesagt, das Wichtigste war, den Favoriten zu schlagen: die Angeber vom Grünheim-Gymnasium.

Lennart blieb stehen. Mit einem Blick erkannte er, wie sehr er Michael unrecht getan hatte. Michael hatte sich nicht vor der Arbeit drücken wollen. Dem ging es wirklich nicht gut. Um nichts in der Welt hätte Michael seinen Wettkampf ausfallen lassen.

»Bestimmt nur die Aufregung«, versuchte Frau

Kick, ihn zu beruhigen. Doch sie klang nicht besonders überzeugend.

Diese Mini-Olympiade war zwar das größte Sportfest, das die James-Connolly-Schule organisierte. Aber keineswegs das einzige. Im Gegenteil: Regelmäßig veranstaltete die Schule größere oder kleinere Sportfeste. Das letzte war erst ein Jahr her. Die Schule hatte die Landesmeisterschaft der Schulen ausgerichtet, an denen die fünf besten Schulen des Landes teilgenommen hatten. Mit einem minimalen Rückstand hatte Michael die Goldmedaille im Mehrkampf verpasst. Und seine Silbermedaille genügte nicht für den Bundesausscheid.

Der spätere deutsche Schulmeister war gerade mal 50 Punkte besser als Michael und natürlich niemand anderes gewesen als Tom vom Grünheim-Gymnasium.

Egal welcher Wettkampf auch ausgetragen wurde, wenn beide Schulen anwesend waren, kämpften sie immer um den 1. und 2. Platz. Zurzeit führte in der Gesamtstatistik das Grünheim-Gymnasium mit leichtem Vorsprung.

Michael brannte darauf, Tom zu schlagen. Zum ersten Mal gab es einen echten Zehnkampf und Michael war überzeugt, darin siegen zu können.

Mitleidig schaute Lennart Michael an. Er selbst hatte sich ja für den Sprint gemeldet und wusste, wie fit man sein musste, um den Lauf zu bestehen. Selbst wenn Michael nur den Sprint der Zehnkämpfer lief, der naturgemäß erheblich langsamer war als der Lauf der echten Sprinter. Die Sprintstrecken gehörten ohnehin nicht zu Michaels Stärken. Michael war ein Athlet, der besonders gut die Wurfdisziplinen und den Weitsprung beherrschte, als Läufer aber eher eine ziemlich lahme Ente war – zumindest im Vergleich zu Lennart.

Michael krümmte sich und stöhnte.

Frau Kick legte ihre Hand auf seine Schultern. »So schlimm?«

»Magenkrämpfe«, brachte Michael mühsam heraus. »'tschuldigung!« Und schon rannte er, den Oberkörper leicht vornübergebeugt, die Hände auf den Bauch gepresst, zurück zur Toilette.

Nun war auch Frau Kick klar, dass die Aufregung allein nicht solche Magenschmerzen hervorrief. Sie drehte sich noch einmal zu Lennart: »Ihr anderen geht zur Aufstellung. Ich werde Michael zum Sanitäter bringen.«

Lennart nickte ihr zu und lief zu den Freunden, wo ihn schon die nächste Überraschung erwartete.

»Jabalis Rucksack ist weg!«, empfing ihn Linh.

»Wie weg?«, fragte Lennart.

»Weg! Verschwunden!«, rief Jabali ihm aufgeregt zu. »Hier hat er gelegen!« Er zeigte zu seinen Füßen auf den Boden. »Genau hier!«

»Den klaut doch keiner!«, glaubte Lennart.

Jabali sah ihm fest in die Augen. »Glaubst du, ich spinne?«

Das hatte Lennart natürlich nicht sagen wollen. Aber in all der Hektik und dem Gewühl konnte man schon mal vergessen, wohin man seinen Rucksack gelegt hatte.

»Was war denn drin?«, fragte Lennart.

Jabali überlegte. »Meine Regenjacke.«

Lennart zischte leise durch die Zähne und schüttelte den Kopf. Es waren 26 Grad im Schatten, der Himmel strahlend blau. Nur ein paar kleine, watteweiße Wölkchen zogen ab und an vorüber. Aber Jabali hatte eine Regenjacke dabei!

»Hier in Deutschland weiß man nie!«, rechtfertigte er sich.

Lennart musste schmunzeln. Jabali war mit seinen Eltern vor sieben Jahren aus Südafrika nach Deutschland gekommen, weil sein Vater eine Arbeitsstelle im Konsulat angenommen hatte. Seine Mutter arbeitete seitdem hier in Deutschland als Journalistin für verschiedene Magazine in Südafrika. Jabali sprach längst fließend Deutsch, sein kleiner Bruder war sogar hier geboren, aber wenn es ums Wetter ging, tat er immer noch so, als wäre er ein Tourist.

»Vielleicht hat Rasul ihn genommen«, mutmaßte Ilka.

Jabalis Blick versteinerte sich. Der Gedanke, sein kleiner Bruder könnte in der Nähe sein und ihm auf die Nerven gehen, war für Jabali zehnmal schlimmer als die Vermutung, sein Rucksack wäre gestohlen worden.

»Ist er etwa hier?«, fragte er entgeistert.

»Weiß ich doch nicht«, gab Ilka gelassen zurück.

Jabali atmete tief aus. »Mann, jag mir nicht so einen Schrecken ein!«

Vorsichtshalber schaute er sich noch mal schnell um, ob die kleine Nervensäge nicht doch irgendwo auf der Lauer lag. Aber von Rasul war weit und breit nichts zu sehen.

»Was hast du immer gegen deinen kleinen Bruder?«, fragte Ilka nach. »Der ist doch süß.«

»Ich schenk ihn dir zu Weihnachten«, antwortete Jabali. »Wenn er bei dir wohnt, finde ich ihn bestimmt auch süß.«

Ilka stellte sich einen Moment lang ernsthaft vor, wie es wäre, wenn der kleine, sechsjährige Rasul bei ihr wohnen würde, bis sie feststellte: »Wir haben leider keinen Platz.«

Jabali suchte längst schon wieder seinen Rucksack und wusste gar nicht mehr, wovon Ilka sprach.

»Ist das nicht deiner?« Ilka hielt einen Rucksack mit zwei Fingern in die Höhe, den sie neben einem Papierkorb gefunden hatte.

»Ja!«, freute sich Jabali und wunderte sich zugleich. »Wie kommt der denn hierhin?«

Er nahm Linh den Rucksack aus der Hand und schaute hinein.

»Fehlt etwas?«, fragte sie.

Jabali stutzte und schüttelte den Kopf. »Im Gegenteil! Es ist zu viel da.« Er fischte eine Flasche Apfelschorle aus dem Rucksack und zeigte sie den anderen.

»Und?«, fragte Ilka.

Er hatte keine Apfelschorle dabeigehabt, beteuerte Jabali. Es hatte zu Hause sogar noch Streit gegeben, weil er sich eine Flasche Apfelschorle kalt gestellt hatte, die dann aber natürlich mal wieder Rasul ausgetrunken hatte. Es war die letzte gewesen. Jabali hatte seinen Bruder zusammengestaucht und dafür einen Anpfiff von seiner Mutter bekommen.

»Zu Recht«, fand Ilka. »So einen Aufstand zu machen wegen einer Apfelschorle ...«

»Mann! Das ist doch jetzt egal«, fuhr ihr Jabali über den Mund. »Fest steht: Ich hatte nur dieses Wasser dabei!« Er zeigte den anderen seine Wasserflasche. »Aber keine Apfelschorle. Wieso klaut einer meinen Rucksack, steckt mir eine Flasche Apfelschorle hinein und stellt ihn wieder ab?«

Ilka, Linh und Lennart schauten sich ratlos an. Was war das für eine mysteriöse Geschichte? Oder hatte jemand einfach nur den Rucksack verwechselt? Weiter konnten sie die Sache aber nicht diskutieren. Frau Kick kam angelaufen und rief zur Aufstellung. Sie hatten gar nicht mitbekommen, dass Direktor Stölzer seine Rede in der Zwischenzeit tatsächlich schon beendet hatte.

»Was ist mit Michael?«, fragte Ilka.

»Der ist beim Arzt und kommt hoffentlich nach«, erklärte Frau Kick.

Ilka, Linh, Lennart und Jabali machten sich auf den Weg zu den anderen Athleten ihrer Schule. Dabei kamen sie an den Grünheimern vorbei, die als Erste einmarschieren durften, weil sie die bundes-

weite Rangliste der Schulen anführten. Die Gastgeber-Schule bildete höflicherweise den Schluss des Einmarsches ins Stadion. So mussten Linh, Lennart, Ilka und Jabali bis ans Ende der langen Schlange der Athleten gehen.

Im Vorbeigehen registrierte Lennart, wie Tom vom Grünheim-Gymnasium einen kräftigen Schluck trank. Apfelschorle. Die gleiche Marke, die Jabali in seinem Rucksack gefunden hatte.

Erster Verdacht

Michael atmete tief durch, spreizte die Beine, legte seine rechte Hand auf seinen rechten Oberschenkel und beugte sich so weit, wie es ging, während er sein linkes Bein gestreckt ließ. Zwei-, dreimal wiederholte er diese Übung auf beiden Seiten, um seine Sehnen zu dehnen. Er versuchte, sich zu konzentrieren und nicht zu Tom hinüberzusehen, der ihm siegessicher zugrinste.

Aber er schaffte es nicht. Sein Magen rumorte, obwohl er immerhin seit eineinhalb Stunden nicht mehr auf die Toilette gehen musste. So weit hatte die Tablette, die ihm der Arzt verabreicht hatte, wenigstens geholfen. Trotzdem fühlte Michael sich ausgelaugt und schwach. Als wäre er von einer schweren Grippe aufgestanden und hätte seit Wochen nicht trainiert. In diesem Zustand besaß er nicht die geringste Chance, das wusste er. Aber er musste laufen. Wenigstens ein paar Punkte holen und damit im Wettkampf bleiben. Wenn er absagen

würde, wäre er ganz aus dem Zehnkampf raus. Das wollte Michael auf gar keinen Fall. Zu lang und zu hart hatte er für dieses Ereignis trainiert.

»Zehnkampf Sprint bitte zur Aufstellung!«, kam viel zu früh die Aufforderung aus den Lautsprechern.

Michaels Widersacher Tom hüpfte hoch motiviert auf und ab. Er konnte den Startschuss wohl gar nicht abwarten. Michael hingegen hätte sich am liebsten ins Bett gelegt, die Decke über seinen Kopf gezogen und einfach nur geschlafen. Er hatte Hunger. Kein Wunder. Nicht das kleinste Krümelchen war noch in ihm. Aber er traute sich nicht, etwas zu essen, nicht einmal einen leckeren Fitnessriegel, aus purer Angst, es würde ihn sofort wieder auf die Toilette treiben.

Der kalte Schweiß stand ihm auf der Stirn, als er sich in die Startblöcke begab. Gleichzeitig durchzog eine Hitzewelle seinen Körper, als hockte er in einer Mikrowelle.

Nicht auch noch Fieber!, dachte Michael erschrocken.

»Angst?«, fragte Tom süffisant zu ihm herüber. Er hatte gesehen, wie blass Michael aussah und wie sehr er zitterte.

»Vor dir?«, gab Michael barsch zurück. Nein, vor Tom hatte er wahrlich keine Angst. Nur davor, zu versagen. Sich zu blamieren. Als Letzter durchs Ziel zu stolpern.

»Auf die Plätze!«, rief jetzt der Starter durchs Mikro.

Michael legte seine Hände millimetergenau hinter die Startlinie.

Aber noch nie hatte er sich bei einem Start so elend gefühlt wie in diesem Moment. Warum nur hatte er ausgerechnet heute Vormittag solche Magenbeschwerden bekommen? Lennart hatte noch so gut mit ihm trainiert, ganz besonders an seinem Start gefeilt. Michael kam meistens ungeheuer langsam aus den Startblöcken. Er reagierte einfach immer zu spät. Deshalb hatten Lennart und Linh mit ihm spezielle Reaktionsübungen absolviert. Lennart ging stets ab wie eine Rakete. Und Linhs Reaktionsvermögen, eisern geschult durch ihre asiatischen Kampfsportarten, brauchte sich hinter seinem nicht zu verstecken.

Michael versuchte, all diese Gedanken aus seinem Kopf zu verbannen, um sich nur auf den Lauf zu konzentrieren, auf den Start.

»Fertig!«

Michael hob sein Hinterteil, wobei seine Hände unverändert auf dem Boden ruhten.

Er blickte aufs Ziel. 100 Meter vor ihm. Dort musste er hin. 100 Meter Konzentration, 100 Meter alles geben. Volle Power, von der ersten Hundertstelsekunde an. Sein Magen kniff, als würde ihn ein Tier von innen beißen. Michael verzog schmerzhaft das Gesicht.

Der Startschuss fiel.

Tom schoss aus seinem Startblock wie ein Pfeil von der Sehne.

Auch die anderen Läufer flitzten los.

Michael sah sie.

Alle.

Von hinten.

Erst dann begriff er, dass der Lauf begonnen hatte.

»Was macht denn der?« Lennart mochte gar nicht hinsehen. Vor Entsetzen über Michaels miserablen Start hielt er sich die Hände vor die Augen.

»Der pennt!«, rief Jabali fassungslos. »Der hat voll gepennt!«

Ilka hielt sich ihre Hände vor den offenen Mund. Sie war schier sprachlos.

Sieben Läufer flitzten über die Tartanbahn. Drei,

vier Meter dahinter stampfte Michael den anderen nach wie ein krankes Walross.

Linh zeigte keine Reaktion. Sie kniff ihre ohnehin schmalen Augen zu noch kleineren Schlitzen zusammen und beobachtete Michael mit strengem, ernstem Gesichtsausdruck.

»Komm schon!«, schrie Ilka, um Michael anzufeuern. Sie wusste nicht, ob er sie hören konnte. Aber sie konnte nicht länger dastehen und gar nichts tun. »Die holst du noch. Komm schon!«

»Das glaubst du doch selbst nicht«, zischte Lennart ihr zu.

»Natürlich nicht!«, antwortete Ilka ehrlich. »Aber irgendwas müssen wir doch tun. Das ist . . .« Ihr fehlten die Worte, um das Desaster zu beschreiben, das Michael ablieferte.

». . . erbärmlich«, ergänzte Jabali. Es gab seiner Meinung nach kein anderes Wort für Michaels Vorstellung. Michael galt wegen des Heimvorteils als Favorit auf den Sieg im Zehnkampf. Und jetzt hinkte er schon in der ersten Disziplin hoffnungslos hinterher und ging mit 150 Punkten aus diesem Wettkampf heraus. 150 klang viel, war nach dem Berechnungsmodus dieser Mini-Olympiade aber bedauernswert wenig. Eine schöne Umschrei-

 bung von *letzter Platz*! Peinlicher ging's eigentlich nicht.

Linh sagte nach wie vor nichts, sondern lief zu Michael, der unmittelbar nach der Ziellinie stehen geblieben war. Er beugte sich vornüber, die Hände auf die Oberschenkel gestützt, als müsste er sich übergeben, und hechelte wie nach einem Marathonlauf.

Linh hockte sich wortlos vor ihn und reichte ihm eine Flasche Wasser. Dankbar nahm Michael sie an und trank gierig.

Tom kam an ihnen vorbei. Während er in Siegerpose dem applaudierenden Publikum im voll besetzten Stadion zuwinkte, frotzelte er zu Michael hinüber: »Na, dieses Jahr wohl nicht in Form, wie? Schade für dich! So leicht hätte ich mir meinen Sieg nicht vorgestellt!«

Michael warf ihm einen giftigen Blick zu. Aber Linh lächelte Tom freundlich an und sagte: »Die Dummen braucht man weder zu pflanzen noch zu säen; sie wachsen von ganz alleine.«

»Hä?« Tom verzog sein Gesicht zu einer ratlosen Fratze. »Was soll das denn?«

Linh machte sich nicht die Mühe, ihm das alte chinesische Sprichwort zu erklären. Michael huschte ein kleines Lächeln übers Gesicht. Er wusste von Linhs Vorliebe für alte asiatische Weisheiten, die sie von ihren Kampfsportarten her kannte. Er wandte sich von Tom ab und ließ sich von Linh zu den anderen führen.

»Was war denn los?«, fragte Jabali.

»Ich habe mich lange nicht mehr so schlecht gefühlt«, jammerte Michael. Er legte sich auf das kleine Rasenstück zwischen Tartanbahn und Sitzbänken am Rande des Stadions. »Der Arzt meinte, ich hätte irgendwas Schlechtes gegessen. Das stimmt aber nicht. Ich esse vor Wettkämpfen immer das Gleiche.«

»Hast du Apfelschorle getrunken?«, fragte Lennart.

Michael sah ihn verwundert an. »Nein«, behauptete er. Stutzte dann aber, überlegte einen Augenblick und korrigierte sich. »Doch. Hier auf dem Platz.«

Niemand verstand, weshalb Lennart ausgerechnet nach Apfelschorle gefragt hatte. Lennart hingegen wirkte plötzlich sehr aufgeregt. »Und du hast sie hier gefunden, nicht von zu Hause mitgebracht, richtig?«

Michael nickte. »Ja, stimmt. Sie stand auf dem

Tisch an unserem Stand. Ich dachte, sie gehört einem von uns. Da hab ich einen Schluck davon genommen. Hab mir nichts dabei gedacht. Wieso fragst du?«

Lennart wandte sich an Jabali: »Zeig mal deine Apfelschorle!«

Jabali begriff jetzt, worauf Lennart anspielte. In seinem Rucksack war auch plötzlich eine Flasche Apfelschorle aufgetaucht, von der er nicht wusste, woher sie gekommen war. Jabali zog die Flasche aus seinem Rucksack und zeigte sie den anderen.

»Genau so eine war das!«, bestätigte Michael.

Lennart nickte mit finsterer Miene. Sicherheitshalber fragte er Ilka: »Haben wir diese Marke auf dem Sportfest?«

Ilka schüttelte mit dem Kopf. »Nein, diese Marke ist pro Flasche zehn Cent teurer als unsere. Bei den Mengen, die wir eingekauft haben, macht das viel aus.«

Lennart fasste seine Vermutung zusammen: »Niemand von uns besitzt diese Sorte Apfelschorle. Hier gibt es sie nicht zu kaufen. Also hat sie jemand mitgebracht. Und ich weiß auch, wer.«

»Wer?«, fragte Michael erstaunt.

Lennart zeigte hinüber zu Tom, der für seinen Sieg im Sprint noch immer von seinen Mannschaftskameraden freudig umringt wurde. Tom setzte gerade eine Flasche an seinen Mund und trank. Alle sahen, was das für eine Flasche war: die gleiche Sorte Apfelschorle.

Jabali betrachtete seine Flasche mit angeekeltem Gesicht. Er stellte sich vor, was mit ihm geschehen wäre, wenn er davon getrunken hätte.

»Diese miese Ratte!«, schimpfte Michael und sprang auf. »Jetzt weiß ich, weshalb der mich so blöde angegrinst hat. Den schnapp ich mir!« Gerade wollte er wutentbrannt auf seinen Widersacher losstürmen, als Linh ihn festhielt.

»Warte!«, sagte sie.

»Weshalb?«, fragte Michael wütend.

»Der Narr tut, was er nicht lassen kann; der Weise lässt, was er nicht tun kann«, antwortete Linh.

»Och wirklich, Linh«, meckerte Michael. »Deine Sprüche gehen mir manchmal auf den Senkel!«

Linh überhörte Michaels Beleidigung. Ganz sachlich erklärte sie ihm einfach die Lage: »Wir können nicht beweisen, dass die Apfelschorle deinen Magen verdorben hat. Wir können auch nicht nachweisen, dass Tom dir die Apfelschorle unterge-

jubelt hat. Wenn du jetzt auf ihn losgehst, heißt es, du prügelst dich, weil du ein schlechter Verlierer bist.«

»Da hat sie recht«, stimmte Ilka vorbehaltlos zu. Auch Jabali und Lennart nickten.

Michael presste die Lippen zusammen, schnaubte noch einmal wütend, hielt aber inne.

»Okay«, räumte er ein. »Aber ich behalte ihn im Auge.«

Jabali schnippte mit den Fingern. »Ey, Leute, ich hab eine Idee!« Er hielt seine Apfelschorle in der Hand und wedelte mit der Flasche in der Luft herum, als wäre sie ein Pokal, den er soeben gewonnen hatte. »Ich frage die Alte Fritz!«

»Die Alte Fritz« hieß mit richtigem Namen Cornelia Friedrich. Seit die Kinder aber im Geschichtsunterricht gehört hatten, dass es mal einen König von Preußen gegeben hatte, der Friedrich hieß und »der Alte Fritz« genannt wurde, hatten sie ihrer Chemielehrerin sofort den Spitznamen verpasst, den sie wohl nie mehr loswerden würde. Dabei war Frau Friedrich alles andere als alt: Sie war eine der jüngsten Lehrkräfte im Kollegium.

Die Gesichter in der Runde hellten sich auf. Die Alte Fritz war in Ordnung. Wenn es mit den Mitteln des Chemielabors der Schule möglich war, fremde Substanzen in der Apfelschorle nachzuweisen, dann würde die Chemielehrerin es auch tun. Niemand zweifelte daran.

»Hast du deine Apfelschorle noch?«, fragte Jabali.

Michael verneinte. »Stehen gelassen!«

Ilka stöhnte. »Und wir selbst haben vor der Eröffnung den ganzen Müll weggeräumt!«

Damit war das wichtigste Beweisstück vernichtet. Denn möglicherweise hätte man auf der Flasche sogar Toms Fingerabdrücke nachweisen können, mutmaßte Lennart. Für ihn war mittlerweile sonnenklar: »Es handelt sich um einen Anschlag. Schlimmer als Doping. Die Athleten nehmen nicht selbst Medikamente, um sich aufzupushen, sondern im Gegenteil: Sie mixen ihrem Gegner was in die Flaschen, um sie zu schwächen.«

So deutlich hatte es bisher noch niemand formuliert. Aber jetzt, wo Lennart es so auf den Punkt brachte, leuchtete es allen ein.

»Wie auch immer«, schloss Jabali die Runde. »Ich gehe zur Alten Fritz!« Und schon rannte er los.

Ein Dieb!

Für Michael war der Tag mit dem Desaster im 100-Meter-Lauf noch lange nicht beendet. Zwar wirkte die Medizin des Sportarztes super, aber sich okay zu fühlen oder fit für einen Wettkampf zu sein, war ein riesiger Unterschied. Zwei weitere Wettkämpfe standen für ihn auf dem Programm: Weitsprung um 13 Uhr und Speerwerfen um 16 Uhr. Er fühlte sich gut genug teilzunehmen, aber längst nicht gut genug, um einen der Wettkämpfe zu gewinnen. Bis dahin blieben nur noch knapp zwei Stunden. Wie sollte er in dieser kurzen Zeit zu seiner alten Form zurückfinden?

Vor ihm war Ilka dran mit ihrem ersten Schwimmwettbewerb. Auch sie hatte sich für mehrere Wettkämpfe gemeldet: 100 Meter Freistil und 100 Meter Schmetterling.

Die Schwimmhalle war nicht allzu weit entfernt und so war es für die Fünf Asse selbstverständlich, Ilka zu begleiten und sie nach Kräften anzufeuern.

Auch von den Grünheimern kamen viele mit in die Halle, obwohl sie keine Schwimmerin in ihren Reihen hatten, die Ilka das Wasser reichen konnte.

»Die kommen nur, um Ilka gegen jemand anderen verlieren zu sehen«, zischte Michael vor sich hin, während er mit bösem Blick verfolgte, wie die Grünheimer die Halle betraten – und sich genau neben sie setzten. Eine echte Provokation. Auch Tom war dabei. Selbst in der Wettkampfpause trug er ein ärmelloses Shirt, um seine Muskeln zu zeigen. Seine Haare hatte er in der Mitte zu einem Kamm gegelt. Michael fand, er sah aus wie ein Gockel. Und er benahm sich auch so.

Tom grinste zu Michael hinüber. »Alles klar für nachher?«

Michael drehte sich weg, ohne zu antworten.

Doch Tom ließ nicht nach. »Mal sehen, ob Ilka genauso versagt wie du!«

Michael wollte sich gerade erheben, um Tom eine zu verpassen, doch Linh hielt ihn am Hosenbund fest. Michael blieb sitzen. Aber so ganz konnte er Toms provozierende Art doch nicht unbeantwortet lassen.

»Diesmal gar keine Apfelschorle dabei, Großmaul?«

Tom runzelte die Stirn als ob er nicht wüsste, wovon Michael sprach.

»Wir haben dich durchschaut!«, warf Michael ihm noch zu.

Tom machte mit der Hand eine Scheibenwischerbewegung.

Plötzlich tauchte Ilka hinter Michael, Linh und Lennart auf.

»Was machst du denn hier?«, wunderte sich Linh. »Müsstest du nicht längst im Umkleideraum sein?«

Ilka nickte. »War ich schon. Das ist ja das Problem! Mein Badeanzug ist weg!«

»Wie weg?«, fragte Lennart.

»Weg! Nicht mehr da! Verschwunden! Futsch!« Und damit keine Missverständnisse auftauchten, ergänzte sie noch: »Geklaut!«

»Geklaut?« Michael sprang auf. Sein Blick huschte sofort hinüber zu den Grünheimern. Logisch, wer dahintersteckte!

»Nicht so voreilig«, bremste Linh ihn und fragte bei Ilka nach: »Du hast deinen Badeanzug bestimmt nicht vergessen?«

»Spinnst du?«, brauste Ilka auf. »Wir haben Wettkampf! Da vergesse ich doch nicht meinen Badeanzug! Das habe ich dreimal kontrolliert.«

»Und was machst du jetzt?«, wollte Lennart wissen.

Ilka sah ihn an, als habe er die ganze Diskussion nicht begriffen. »Was soll ich denn machen? Nichts kann ich machen. Ich kann ja wohl schlecht nackt schwimmen! Und meinen Ersatzanzug rechtzeitig von zu Hause zu holen, das schaffst weder du noch …« Sie zeigte mit dem Kopf zu Jabali, der sich gerade mit einem Eis in der Hand durch die Ränge drängte. »… noch Jabali.«

»Aber ich!«, betonte Linh und strahlte Ilka an.

»Du?« Jeder wusste, dass Linh zwar eine exzellente Judokämpferin und eine noch bessere Turnerin war – geschmeidig, wendig und äußerst diszipliniert. Aber eines war sie gewiss nicht: eine Läuferin.

»Ich habe auch nicht vor zu laufen«, antwortete Linh den fragenden Gesichtern. Sie öffnete ihren kleinen Sport-Rucksack und holte ihren Turnanzug hervor. »Ist zwar nicht optimal, aber besser als nichts. Und in etwa haben wir die gleiche Größe, schätze ich mal.«

Ilka war sprachlos. Sie nahm Linhs Turnanzug und befühlte das Material. Linh hatte recht. So sehr unterschied er sich gar nicht von ihrem Badeanzug.

In einem normalen Schwimmbad wäre es niemandem aufgefallen, wenn sie mit diesem Turnanzug ins Wasser gegangen wäre. Aber ein Wettkampf war etwas anderes. Da musste alles passen. Der Anzug durfte nicht zu groß und nicht zu klein sein, sich auf gar keinen Fall mit Wasser vollsaugen und dadurch schwerer werden. Er musste hauteng anliegen, um dem Wasser möglichst wenig Widerstand zu bieten, trotzdem leicht und bequem sitzen, damit man sich frei bewegen konnte. Andererseits hatte sie keine Alternative. Wie Linh gesagt hatte: Der Anzug war besser als nichts.

»Danke!«, sagte sie deshalb nur. »Ich probiere ihn sofort an.« Sie rannte los und bekam Jabalis Ankunft nicht mehr mit.

Jabali grüßte die anderen nur kurz, leckte an seinem Eis und berichtete, dass er nichts zu berichten hatte.

»Wieso nicht?«, wollte Michael wissen. »Kann die Alte Fritz die Apfelschorle nicht untersuchen?«

»Doch.« Jabali nickte. Sein Eis tropfte. Mit einer schnellen Handbewegung fing er den Tropfen auf und schleckte ihn vom Finger. »Aber erst in einigen Tagen. Sie hat so viel in der Organisation zu tun, sagt sie. Und so ein Test dauert auch seine Zeit.

Zumindest im Schullabor. Sie hat nicht alle Mittel dafür vorrätig.«

»Schade«, fand Linh.

»Schade?«, brauste Michael auf. »Das ist totaler Obermist. Jetzt können wir den Gaunern nicht das Handwerk legen!«

»Jetzt feuern wir erst mal Ilka an«, schlug Linh vor.

Dagegen wagte natürlich niemand einen Widerspruch. Und so schauten sie gebannt hinunter zum Becken, bis Ilka aus den Duschräumen herauskam und sich an den Beckenrand stellte.

»Der Turnanzug steht ihr doch gut!«, fand Michael.

Ilka hingegen machte nicht ganz so einen glücklichen Eindruck. Sie sah prüfend an dem Anzug hinunter, zupfte hier und da ein wenig, schaute dann hinauf zu ihren Freunden auf der Sitzbank und reckte ihnen den erhobenen Daumen entgegen.

»Es klappt!«, freute sich Lennart.

»Was?«, wunderte sich Jabali, der das Drama um den Badeanzug nicht mitbekommen hatte. »Dass Ilka geduscht hat? Ich wusste gar nicht, dass sie damit Schwierigkeiten hat!«

Michael, Lennart und Linh lachten.

»Klar!«, juchzte Lennart. »100-Meter-Freistil-Duschen. Die neue olympische Disziplin. Kanntest du die noch nicht?«

Und Linh piepste: »Achtung. Es geht los!«

Ilka stand schon auf dem Startblock und spürte die Blicke ihrer Konkurrentinnen, die – im Gegensatz zu Jabali – natürlich sofort erkannt hatten, dass Ilka einen Turnanzug trug. Einige kicherten. Andere schauten schnell wieder weg, um sich auf ihren Start zu konzentrieren. Ilka versuchte, die Blicke zu ignorieren. Noch einmal atmete sie tief durch, verschränkte dabei ihre Hände hinter dem Kopf und streckte den Rücken durch. Dann ging sie in Startposition. Der Turnanzug zwickte etwas am Po.

Mist, dachte Ilka, doch eine Nummer zu klein. Es war ohnehin schon ein Wunder gewesen, dass ihr der Anzug der zierlichen Linh gepasst hatte. Doch jetzt gab es kein Zurück mehr. Der Start musste ihr gelingen. Es kostete zu viel Kraft, im Wasser einen vermasselten Start wiedergutzumachen. Kraft, die einem auf den letzten 20 Metern fehlte. Ilka versuchte, alles um sich herum auszublenden. Es gab nichts mehr außer ihr und dem Startschuss, der jeden Moment ertönen musste.

Der Starter gab das Kommando.

Ilka beugte sich so weit vornüber, wie es nur ging, ohne das Gleichgewicht zu verlieren, die Hände neben die Füße an den Startblock gelegt.

Startschuss.

Ilka sprang ab. Sie spürte, sie hatte einen guten Start erwischt, landete als eine der Ersten und mit am weitesten im Becken. Doch als sie flach ins Wasser eintauchte, wie sie es Hunderte Male trainiert hatte, und sich die ersten paar Meter mit vorgestreckten Armen gleiten ließ, merkte sie, wie ihr Turnanzug verrutschte und den Wasserstrom bremste. Früher, als sie wollte, musste sie mit den Schwimmzügen beginnen. Der linke Träger war ihr halb über die Schulter gerutscht, was die Bewegung ihres Arms enorm beeinträchtigte. Keine Zeit, den Anzug zu richten.

Schwimmen!, dachte Ilka nur. Schwimmen. Schwimmen. An nichts anderes denken.

Aber sie fand ihren Rhythmus nicht. Auf einen Armzug drei Schläge mit den Füßen, bei jedem zweiten Zug mit dem linken Arm Luft holen. Blieben drei Armzüge, um die Luft unter Wasser wieder auszuatmen.

Luft holen links.

Ausatmen bei rechts – links – rechts.

Luft holen links.

Ausatmen bei rechts – links – rechts.

Das war ihr Rhythmus.

Doch der verrutschte Träger des zu kleinen Anzugs zog an ihrem Arm, die Bewegung wurde eierig, statt geschmeidig mit dem rechten Arm zu korrespondieren. Selbst von den Zuschauerrängen aus war das zu erkennen.

Tom schlug sich auf die Schenkel. »Was macht die denn da?«, lästerte er. »Sieht aus wie eine Sardine, die aus ihrer Dose springen will!«

Seine Mitschüler lachten und grölten, obwohl Ilka immer noch gut vor der Grünheimerin lag, aber leider hinter den anderen.

Michael lief vor Wut rot an. »Jetzt langt's mir. Dem poliere ich die Fresse!« Er erhob sich. Linh wollte ihn wieder festhalten. Doch diesmal schlug Michael Linhs Arm beiseite.

»Lass mich!«, fauchte er sie an. »Wenn du schon nichts tust!«

»Du kannst nicht beweisen, dass die den Badeanzug ...«

»Ich brauche keine Beweise. Ich weiß, was Sache ist. Sie wissen, dass sie gegen uns keine Chance haben. Deshalb sabotieren sie uns. Meine vergiftete Apfelschorle, der verschwundene Badeanzug. Das reicht ja wohl.« Michael stakste durch die Reihe, stürmte auf Tom zu und packte ihn an seinem ärmellosen Shirt.

»Findet ihr das witzig oder was?«, brüllte er Tom an.

Tom schubste Michael zurück. »Haben sie dich gebissen?«

Michael wankte durch den Stoß zurück, fiel, hielt sich aber immer noch an Toms Shirt fest und riss ihn dadurch mit zu Boden.

Die beiden polterten über die Sitzbänke und landeten hart eine Reihe tiefer, wo bedauerlicherweise zwei Lehrer einer Gastschule saßen. Die Lehrer sprangen auf und packten Tom und Michael am Genick.

»Was ist denn hier los, meine Herren?«, fragten sie.

Ilka wendete mit einer Rolle vorwärts, stieß sich mit beiden Füßen vom Beckenrand ab, ließ sich wieder ein Stückchen gleiten, wagte einen Blick zu den Seiten und erkannte, dass die anderen vor ihr waren. Alle anderen! Sogar die Grünheimerin!

Die hole ich noch!, nahm sie sich vor. Obwohl sie nicht wusste, wie so eine Aufholjagd funktionieren

sollte. Es war noch nie vorgekommen, dass sie nicht mindestens als Zweite gewendet hatte. Meistens war sie die Erste am Wendepunkt und hatte sich höchstens auf den letzten zehn oder fünf Metern noch von einer anderen Schwimmerin abfangen lassen müssen. Aber jetzt allen anderen als Letzte hinterherzuschwimmen, war eine neue Situation für sie. Der Endspurt war nicht gerade Ilkas Stärke, sondern eigentlich die ersten 25 Meter, in denen sie sich sonst meistens einen komfortablen Vorsprung herausgeschwommen hatte.

Nicht denken!, befahl sie sich. Schwimmen!

Sie änderte ihren Rhythmus. Statt drei machte sie nun fünf Fußschläge auf einen Armzug. Sie atmete nicht mehr bei jedem zweiten Zug des linken Arms ein, sondern nur noch bei jedem dritten. Die Luft musste einfach bis dahin reichen. So lag sie länger stromlinienförmig im Wasser, und die verstärkte Beinarbeit war zwar kräftezehrend, katapultierte sie aber schneller voran.

»Benehmt euch, verstanden?«, mahnten die Lehrer.

»Er hat angefangen!«, beteuerte Tom.

»Sie haben Ilka den Badeanzug geklaut!«, behauptete Michael im Gegenzug.

»Wir sind hier auf einem Sportfest!«, stellten die Lehrer klar und wollten von den gegenseitigen Anschuldigungen nichts hören. »Wir werden euch beide melden! Wenn ihr Pech habt, werdet ihr vom weiteren Wettkampf ausgeschlossen. Und jetzt zurück auf eure Plätze!«

Wie zwei geschlagene Hunde trotteten die beiden zurück in ihre Reihen.

Jabali sprang auf. Eigentlich wollte er Michael in Empfang nehmen, doch jetzt sah er, dass Ilka einen Turbo eingelegt hatte.

»Seht euch das an! Sie holt auf!«

Linh war ebenfalls aufgesprungen. Sie war allerdings so klein, dass das fast gar nicht auffiel.

Ilka im Endspurt, das hatte es noch nie gegeben.

»Sie schafft es!«, schrie Linh aufgeregt.

Auch Lennart war von Ilkas Kampfgeist hin und weg. »Bei der Wende war sie noch Letzte, jetzt schon Dritte!«

Ilka spürte, wie ihre Kräfte schwanden. Ihr Rhythmuswechsel hatte zwar den erwünschten Erfolg gebracht, aber doch mehr Kraft gekostet, als sie vermutet hatte. Die Arme schmerzten. Jedes Mal wenn sie kurz den Kopf aus dem Wasser hob, um zu atmen, bekam sie mehr und mehr das Gefühl,

dass gar keine Luft in ihre Lungen drang. Der Träger des Turnanzugs behinderte sie nach wie vor. Ilka drohte erneut zurückzufallen.

Kämpfen!, befahl sie sich. Durchhalten!

Nie zuvor war ihr das Schwimmen so schwergefallen. Aber sie durfte nicht aufgeben. Ihre Arme begannen zu schmerzen, aber sie kämpfte sich weiter vorwärts. Nur noch ein kleines Stück. Noch einmal das Tempo verschärfen, schoss es ihr durch den Kopf. Du schaffst es, du schaffst es! Ein kleines Stück noch. Aber das kleine Stück wurde immer länger. Die restlichen Meter dehnten sich wie ein Gummiband, das Wasser schien sich in einen zähflüssigen, undurchdringlichen Sirup zu verwandeln, der jeden Schwimmzug zur Qual werden ließ. Ilka hatte das Gefühl, auf der Stelle zu verharren, während sie hilflos wie eine Ertrinkende im Wasser patschte.

Dann endlich schlug ihre Hand am Beckenrand an. Ilka hielt sich mit beiden Händen fest, schnappte gierig nach Luft, atmete ein paarmal tief durch. Sie war vollkommen am Ende. Sie wusste nicht, welchen Platz sie gemacht hatte. Die Anzeigetafel blieb noch schwarz.

»Mann, war das knapp!«, stieß Lennart aus. »Ich glaube, sie ist Vierte geworden.«

»Nee. Dritte«, vermutete Michael. Aber mit bloßem Auge war das tatsächlich nicht zu erkennen gewesen. Glücklicherweise hatte ein großes High-Tech-Unternehmen die Ausstattung der Schwimmhalle mit elektronischer Zeitmessung übernommen.

Die Anzeigetafel blinkte auf. Ilka war mit einem Wimpernschlag Vorsprung Dritte geworden und damit gerade noch qualifiziert für den Zwischenlauf.

Jabali pustete aus. »Glück gehabt. Das ist noch mal gut gegangen.«

Linh nickte. »Aber es ist das schlechteste Ergebnis, das Ilka je erzielt hat. Vermutlich hat ihr mein Turnanzug doch nicht so gut gepasst.«

»Dass das so viel ausmacht«, wunderte sich Jabali.

Linh war aufgestanden und hinunter ans Becken gelaufen, um Ilka zu ihrem Kampfgeist zu beglückwünschen.

Die Grünheimer jubelten sich gegenseitig zu, obwohl ihre Mitschülerin Letzte geworden war. Aber das hatten sie vorher gewusst und einkalkuliert. Wichtiger war für die Grünheimer, dass Ilka nicht gewonnen hatte. Denn sie wussten, wie sehr Ilkas Rückschlag die James-Connolly-Schule Punkte kostete, mit denen die Fünf Asse fest gerechnet hatten. Jubelnd zogen sie aus der Halle heraus. Tom

versäumte es nicht, Michael dabei noch eine Grimasse zu schneiden.

»Wir sehen uns gleich beim Weitsprung!«

Michael reagierte gar nicht.

»Wie geht es dir?«, fragte Lennart ihn.

Michael wiegte seinen Kopf hin und her. »Ein bisschen besser.« Ob es ihm aber in einer Stunde gut genug für den Wettkampf gehen würde, war doch noch sehr fraglich. Hauptsache, die Grünheimer würden sich keine neuen Gemeinheiten ausdenken, um den Wettkampf zu manipulieren.

Das brachte Michael auf eine Idee. »Kommt mit!«, forderte er Jabali und Lennart auf.

»Wohin?«, fragte Lennart.

»Nun kommt schon!«, wiederholte er nur und rannte los.

Jabali und Lennart schauten sich ratlos an, zuckten mit den Schultern und liefen Michael hinterher. Am Ausgang hatten sie ihn eingeholt.

Michael zeigte auf die Grünheimer, die sich um Tom gruppierten und gemeinsam zum kleinen Sportstadion zurückgingen.

»Ich will wissen, was die im Schilde führen!«, erklärte Michael. »Und deshalb werde ich ihnen nicht von der Pelle rücken.«

»Keine schlechte Idee«, gab Lennart zu.

»Wir sollten den Mädchen Bescheid sagen«, fand Jabali.

Michael winkte ab. »Keine Zeit.«

Die Grünheimer bogen um die Ecke.

Michael spurtete los. Jabali und Lennart folgten und stoppten, bevor sie ebenfalls um die Ecke bogen. Zuerst vergewisserten sie sich, dass die Grünheimer sie nicht entdeckt hatten. Aber die schienen nichts gemerkt zu haben. Unbeschwert überquerten sie die Straße und nahmen direkten Kurs auf das Stadion, wo sie zu den Umkleidekabinen gingen.

»Was wollen die dort?«, fragte sich Michael. Wer seinen Wettkampf unmittelbar vor sich hatte, bewahrte seine wichtigsten Dinge im Rucksack direkt im Stadionrund auf. Wer nicht dran war, hatte jetzt auch in den Umkleideräumen nichts mehr zu suchen.

»Vielleicht hat einer von ihnen nur etwas vergessen«, konnte sich Lennart vorstellen.

»Ha!«, lachte Michael bitter. »Ich weiß auch, was: die nächste Schweinerei vorzubereiten. Los, die schnappen wir uns!«

Im nächsten Moment eilte er schon über die Stra-

ße und presste sich auf der anderen Seite gegen eine Hauswand, um nicht gesehen zu werden.

»Was hat er vor?« Verwundert drehte sich Jabali zu Lennart um. Er hatte mehr und mehr ein ungutes Gefühl. Sie hätten doch auf die Mädchen warten sollen. Nun war es allerdings zu spät.

Michael war den Grünheimern schon in die Katakomben gefolgt. Jabali hätte ihn gern noch zurückgehalten. Doch Michael verfolgte die Grünheimer so verbissen, als hätte er sie soeben bei einem Attentat erwischt. Normalerweise waren Jabali und Lennart deutlich schneller als Michael. Diesmal aber zögerten die beiden und schlichen Michael mehr hinterher, als dass sie liefen. Unten in den Katakomben angekommen sahen sie gerade noch, wie Michael von außen sein Ohr an die Tür einer Umkleidekabine legte.

Im selben Augenblick wurde die Tür so plötzlich aufgerissen, dass Michael fast in den Umkleideraum hineingefallen wäre. Er prallte gegen Tom, der breitbeinig in der Tür stand. Seine rechte Hand ruhte noch auf der Türklinke, die linke hatte er schon in die Hüfte gestützt.

»Da habt ihr euren Täter!«, verkündete Tom seinen Mitschülern.

Michael richtete sich wieder auf. »W-was?«, stotterte er.

»Tu doch nicht so!«, schnauzte Tom ihn an. »Du hast deine Niederlage nicht verdaut, deshalb hast du mir jetzt meine Schuhe gestohlen.«

»Und meine auch!«, rief ein anderer.

»Alle!«, schnaufte ein Dritter wütend. »Los, rück die heraus!«

»Moment mal«, wehrte Michael ab. »Tickt ihr nicht mehr richtig? Wovon sprecht ihr?«

»Das weißt du ganz genau«, behauptete Tom. »Sieh dir das an!« Mit seinem Arm machte er eine einladende Bewegung, sich im Raum umzusehen. Michael erkannte, was er meinte: Die Kleidung der Grünheimer war von den Haken gerissen und lag zerwühlt im ganzen Raum verteilt auf dem Boden. Die Sporttaschen waren ausgekippt. Und ...

»... alle Sportschuhe sind verschwunden. Gestohlen!«

Michael konnte es nicht glauben.

»Gestohlen?«, wiederholte Jabali fassungslos.

Lennart dämmerte, was Tom gemeint hatte. »Ihr glaubt doch wohl nicht etwa, dass wir ...«

»Wer denn sonst?«, fuhr Tom ihm über den Mund. »Wir haben euch doch auf frischer Tat ertappt!«

Michael schnaubte vor Wut.

Lennart hingegen zeigte den Grünheimern nur einen Vogel. »Und wo sind dann die Schuhe, du Schlaumeier? Glaubst du, ich habe zehn Paar Sportschuhe in meiner Hosentasche versteckt?«

Ein bestechendes Argument. Michael glaubte schon, Lennart hätte damit die Sache aus der Welt geschafft. Doch so leicht gab Tom nicht auf. Zwar stutzte er einen Moment, weil Lennarts Einwand wirklich nicht so leicht von der Hand zu weisen war, dann aber hatte er eine Idee: »Damit ist ein Komplize von euch schon abgehauen!«

Jetzt fiel auch Lennart nichts mehr ein. So einen Unsinn hatte er schon lange nicht mehr gehört.

»Mir reicht's jetzt«, fand auch Jabali und machte auf dem Absatz kehrt. Doch zwei Grünheimer packten ihn am Arm.

»Nichts da«, triumphierte Tom. »Schön hiergeblieben. Wir holen den Ordnungsdienst!«

Jabali wollte sich losreißen, aber die beiden Grünheimer hatten seine Arme nun fest im Griff. Michael wollte ihm zu Hilfe kommen, da stürzten sich sofort zwei weitere Grünheimer auf ihn.

Lennart erging es nicht besser. Genau wie Michael wehrte er sich, doch jeder von ihnen hatte es mit zwei Gegnern zu tun. Nach einem kurzen heftigen Handgemenge hatten die Grünheimer Michael, Jabali und Lennart überwältigt. »Der Ordnungsdienst ist gleich hier«, drohte Tom.

Lennart schüttelte nur den Kopf. Er hatte mitgeholfen, den Ordnungsdienst zusammenzustellen und einzuteilen. Und es war eigentlich nur Zufall, dass er nicht gerade selbst Dienst hatte. Jetzt sollte der Ordnungsdienst kommen, um ihn als Täter zu überführen? Es war absurd.

Lennart musste kurz schmunzeln, als der Ordnungsdienst anrückte. Es waren Gerhardt und Franz, die beiden Gewichtheber aus der achten Klasse. Doch die beiden Schüler kamen nicht allein. Hinter ihnen polterte Herr Rittmeier durch die Katakomben, der Hausmeister. Mit dem war nicht zu spaßen. Ohne Begrüßung dröhnte er auch gleich los.

»Diebstahl bei einem Sportfest! Wo gibt es denn so was?«

»Wir haben nichts gestohlen«, verteidigte sich Michael sofort. »Im Gegenteil: Mir wurde etwas in mein Getränk gemixt, wovon ich Magenkrämpfe bekommen habe!«

»Ilkas Schwimmanzug war verschwunden«, ergänzte Jabali.

»Genau!«, übernahm Lennart das Wort. »Weil die Grünheimer Angst haben, gegen uns zu verlieren!«

»Wir?«, schrie nun Tom durch die Kabine. »Angst? Vor euch?«

Dabei schubste er Michael, der sich das natürlich nicht gefallen lassen wollte. Da zwei andere Grünheimer ihn aber immer noch festhielten, musste Michael sich erst mal befreien, um auf Tom losgehen zu können. Nacheinander trat er beiden Bewachern gegen die Schienbeine. Es klappte. Sie ließen ihn los. Michael sprang auf Tom zu und schlug auf ihn ein.

Anlass genug für Lennart und Jabali, mit ihren Bewachern ebenso umzugehen.

»Halt!«, brüllte Herr Rittmeier. Seine Stimme hallte durch die Katakomben wie ein Gewitter. Wie eingefroren stoppten alle Kontrahenten mitten in der Bewegung.

»Mitkommen!«, befahl der Hausmeister. »Alle!«

Sabotage!

Michael, Jabali und Lennart saßen mit hängenden Köpfen am Rand der Laufbahn im Stadion. Weder die gute Stimmung der vielen Zuschauer noch der gerade laufende Wettkampf konnte sie aufmuntern. Im Moment fand das Kugelstoßen der Mädchen statt. Vanessa aus ihrer Parallelklasse lieferte sich mit zwei Konkurrentinnen einen spannenden Kampf um den ersten Platz. Man wusste nicht so recht, ob man Vanessa als dick oder muskulös bezeichnen sollte. Tatsache war: Vanessa war fast so breit wie hoch, besaß aber Kräfte wie ein Bär. Vermutlich war sie sogar stärker als Michael. Unter dem Jubel der Zuschauer wuchtete Vanessa gerade die schwere Kugel hoch durch die Luft.

Nur die drei Jungs hatten kein Auge für den spannenden Wettkampf. So einen Anpfiff hatten sie noch nie bekommen. Herr Rittmeier hatte alle Streithähne ins Büro des Direktors gebracht. Natürlich hatte Professor Stölzer während eines so großen Festes

alle Hände voll zu tun. Entsprechend geladen war er, als er extra von der Ehrentribüne, auf der er mit vielen Gästen saß, fortgerufen wurde, weil einige seiner Schüler in eine Rauferei verwickelt waren.

Wenigstens glaubte er keine Sekunde daran, dass drei seiner besten Sportler die Sportschuhe von Gästen stahlen. Aber als Michael ihm von seinem Verdacht erzählte, die Grünheimer hätten ihm etwas in sein Getränk gemixt, schäumte er vor Wut. Wie denn Michael dazu komme, den Gästen so etwas zu unterstellen! Im Übrigen sei er enttäuscht von Michaels Leistung im Sprint und er finde es erbärmlich, dass Michael jetzt nach solch billigen Ausreden suche. Damit war für den Direktor die Debatte beendet. Noch ein einziger Vorfall, und Michael, Jabali und Lennart würden vom Rest des Wettkampfs ausgeschlossen, drohte er, bevor er verärgert zurück zur Ehrentribüne ging. Nur weil die drei so fleißig bei der Vorbereitung geholfen hatten, bekamen sie überhaupt noch eine Chance und durften bleiben.

»Rauferei bei einem Sportfest. Wo gibt es denn so was!«, hatte der Direktor noch die Worte von Herrn Rittmeier wiederholt.

»Eine Pleite auf der ganzen Linie«, stöhnte Michael. »Und Tom und die anderen Grünheimer Dumpfbacken grinsen sich eins. Wetten, dass die doch ...«

»Hör auf!«, unterbrach Lennart ihn.

Michael brauste sofort auf. »Glaubst du etwa auch, ich wäre so langsam gelaufen, wenn mir nicht jemand was in mein Getränk gepanscht hätte?«

Ilka und Linh kamen auf die drei zu. »Mensch, hier steckt ihr! Wo wart ihr? Habt ihr Vanessa gesehen?«

Die Jungs schüttelten die Köpfe. Von Vanessas Wettkampf hatten sie nichts mitbekommen. Zweiter Platz, Silbermedaille. Gut für den Medaillenspiegel und die Gesamtpunktzahl.

Nur kurz hellten sich die Mienen der Freunde auf. Schnell wurden sie wieder ernst und Jabali übernahm es, den Mädchen die ganze Geschichte von der Verfolgung und der Standpauke des Direktors zu berichten.

Linh verzog ihr Gesicht zu einer düsteren Miene. »Euch Jungs darf man keine zwei Sekunden aus den Augen lassen. Ich hab euch doch noch gesagt, wir können nichts nachweisen!«

»Ja!«, muffelte Michael. »Du warst mal wieder die Oberschlaue!«

Linh öffnete den Mund, aber Michael hob sofort seine Hand. »Keinen asiatischen Spruch jetzt!«

»Der Klügere gibt nach«, sagte Linh. »*Deutsches* Sprichwort! Im Übrigen musst du jetzt zum Weitsprung.«

Michael wurde sofort weiß um die Nase. Erschrocken schaute er auf seine Armbanduhr.

»Verdammt. Du hast recht.« Hastig sprang er auf.

»Bist du denn okay?«, fragte Ilka nach.

Michael nickte. »Es geht mir besser. Nicht topfit, aber wird schon gehen. Ich darf nur nicht zu spät kommen.« Dann ging er los.

»O Mann!«, stöhnte Jabali, als Michael außer Hörweite war. »So, wie der drauf ist, trifft der heute nicht mal die Sprungkiste!«, befürchtete Jabali.

»Was sagst du da?«, fragte Linh nach. Weil sie dabei sehr komisch guckte, entschuldigte sich Jabali sofort.

»War nicht so gemeint!«

»Nein, nein«, berichtigte Linh. »Kommt mit.« Noch ehe die anderen begriffen, was los war, hatte Linh schon die Tartanbahn überquert. Nur kurz drehte sie sich um, um zu sehen, ob ihre Freunde ihr folgten. »Nun macht schon, der Weitsprung geht gleich los!«

»Was hat sie denn?« Ilka schüttelte verständnislos den Kopf.

Aber da man Linh unbedingt vertrauen konnte, folgten sie ihr. Vielleicht, so dachte Ilka, hält Linh es für besser, wenn Michaels Freunde ganz nah bei ihm sind, wenn er seinen ersten Versuch hat.

Linh rannte, so schnell sie konnte, zur Weitsprunggrube. Ilka sah schon von Weitem, wie Linh sich vor die Grube hockte und mit der Hand etwas auf dem Boden zu suchen schien. Sie sah sich um, rieb ihre Finger aneinander, berührte wieder den Boden und schaute sich erneut um.

»Hier!«, empfing sie die anderen und streckte ihnen die Hand entgegen, mit der sie eben noch den Boden abgetastet hatte. Sie hatte ganz schmierige Finger.

»Bäh!«, sagte Lennart. »Wo hast du denn hineingefasst?«

»Aufs Absprungbrett«, erklärte Linh. »Eingerieben mit Schmierseife.«

»Schmierseife?«, rief Jabali aus. Er wusste, was das bedeutete. Die Springer nahmen in vollem Tempo Anlauf. In der Regel trafen sie mit dem Fuß exakt das Absprungbrett, um optimal abzuheben. Wenn das aber eingeseift war und die Läufer bei

dem hohen Spurttempo wegrutschten, konnte dies die schlimmsten Verletzungen hervorrufen.

»Das ist ja gemeingefährlich!« Er konnte einfach nicht glauben, dass jemand so etwas tun konnte.

»Sabotage!« Lennart spuckte neben sich auf den Boden vor Verachtung. »Ich sag es doch.«

Linh nickte. »Du hast recht. Aber es ist nicht gesagt, dass das die Grünheimer waren.«

»Ha!«, widersprach Lennart. »Wer denn sonst?«

Linh zuckte mit den Schultern. Sie wusste es auch nicht. »Wir müssen es dem Direktor sagen!«

Lennart schüttelte Kopf und Hände gleichzeitig. »Nein! Zu dem gehe ich heute kein zweites Mal. Das schwöre ich euch.«

Jabali sah es ganz genauso.

»Aber ...«, wollte Linh einwenden.

Ilka hatte eine bessere Idee: »Zuerst müssen wir es dem Kampfrichter sagen, bevor der Wettkampf beginnt.«

Linh stimmte zu. Das war das Wichtigste. Die Wettkampfrichterin des Weitsprungs war Frau Kick. Mit der konnte man wenigstens reden. Ilka reckte den Hals, um sie zu finden.

Hinten an der Anlaufmarke stand Tom schon bereit.

»Weg da, blöde Nuss!«, schimpfte er und machte Ilka wilde Zeichen, damit sie von der Sprunggrube verschwand.

»Mmh«, grübelte Ilka. »Tom springt als Erster. Der würde doch nicht seinen eigenen Absprung boykottieren?«

Das kam auch Linh komisch vor.

»Das ist nur ein Ablenkungsmanöver«, glaubte Lennart. »Der macht seinen ersten Sprung ungültig. Michael springt als Zweiter. Wenn Michael sich verletzt, hat Tom ab dem zweiten Versuch freie Bahn.«

»Ganz schön ausgebufft«, kommentierte Jabali.

Doch Ilka und Linh waren nicht so überzeugt wie die Jungs. Tom war ihnen auch nicht sympathisch. Trotzdem trauten sie ihm eine so große kriminelle Energie nicht zu.

»Der ist doch durch und durch ein Sportler«, glaubte Linh.

»Haut ihr vielleicht bald mal ab da, ihr Bekloppten?«, schimpfte Tom zu ihnen hinüber.

»So viel zu deinem Sportler«, zischte Lennart. »Am liebsten würde ich den voll auf die Schnauze fallen lassen.«

Linh warf ihm einen bösen Blick zu. »Das ist hier ein Sportfest!«

»Ja, schon gut«, maulte Lennart. »Aber trotzdem ...«

Jetzt kam Frau Kick auf sie zu. Der Beginn des Weitsprung-Wettkampfs für die Zehnkämpfer hatte sich ohnehin schon verzögert. Entsprechend hektisch blickte Frau Kick auf ihre Uhr und wies die Kinder zurecht. »Was treibt ihr denn da?«

Ilka zeigte auf das Absprungbrett und Linh streckte ihr die verschmierte Hand entgegen. Frau Kick schüttelte ungläubig den Kopf und winkte sofort nach einigen Helfern, die das Absprungbrett reinigen sollten.

»Ich werde später mit Herrn Rittmeier darüber sprechen«, verkündete Frau Kick. »So ein verschmutztes Absprungbrett. Das geht doch nicht. Viel zu gefährlich. Gut, dass ihr aufgepasst habt, Kinder.« Frau Kick drehte sich um und empfing die Helfer, die angelaufen kamen. Mit knappen Worten erklärte sie ihnen, was zu tun war.

»Herr Rittmeier?«, wiederholte Lennart. »Was hat denn der damit zu tun?«

Frau Kick hörte nicht, was Lennart zu ihr sagte, weil sie noch immer mit den Helfern beschäftigt war. Einer rannte gerade los, um Wasser, Schwämme und Putzlappen zu holen. Den anderen Kampfrichtern signalisierte sie, dass sich der Weitsprung leider verzögern würde.

»Das war Sabotage!«, rief Lennart Frau Kick zu.

Jetzt wandte sie sich Lennart zu. »Wie bitte?«

Lennart wiederholte, welchen Verdacht sie hegten. Diesmal allerdings hielt er seine Vermutung allgemein und unterließ es, Tom und die Grünheimer direkt zu beschuldigen. Linh nickte ihm deshalb zufrieden zu.

»Sabotage?«, fragte Frau Kick. Ihr Blick wechselte zu Jabali. Ihre Kollegin Cornelia Friedrich hatte sie informiert, dass sie für Jabali eine Apfelschorle analysieren sollte.

»Sagt mal, Kinder. Glaubt ihr nicht, ihr geht da ein bisschen zu weit mit eurer Fantasie? Wer sollte denn unser Sportfest sabotieren? Und vor allem: Weshalb?«

Lennart öffnete den Mund. Doch nach einem Blickwechsel mit Linh schloss er ihn schnell wieder. *Die Grünheimer*, hatte er sagen wollen. Das lag doch auf der Hand. »Weiß ich auch nicht!«, antwortete Lennart bitter. »Da können Sie ja mal unseren Direktor fragen!« Wutschnaubend trat er in den Sand, verließ die Sprunggrube und ging rüber zu Michael.

»Was hat er denn?«, fragte Frau Kick verwundert.

»Schlechte Laune«, sagte Linh wahrheitsgemäß, wobei sie den Grund dafür natürlich verschwieg.

Die Helfer kamen mit den Putzutensilien zurück und begannen, das Absprungbrett zu reinigen.

»Gleich geht's los«, sagte Frau Kick. »Ich hoffe, Michael ist jetzt wieder in Form.«

Tom überbrückte die Zeit mit ein paar Dehnübungen. Gleich war er mit seinem ersten Versuch dran.

Lennart klopfte Michael aufmunternd auf die Schulter. »Bist du fit?«

Michael schüttelte den Kopf. »Nein, nicht wirklich. Aber ich fühle mich deutlich besser als heute Morgen. Es wird schon schiefgehen.«

»Übrigens: Ich würde an deiner Stelle die Absprungmarken noch mal prüfen.«

Michael erschrak. Daran hatte er überhaupt nicht gedacht!

Wenn es den Grünheimern gelungen war, das Absprungbrett einzuseifen, war es ein Leichtes für sie, seine Absprungmarken zu verstellen. Ein paar Zentimeter genügten, um seinen gesamten Anlauf durcheinanderzubringen.

»Die Marken stimmen.« Linh stand plötzlich bei

ihnen und hatte Lennarts letzte Worte mitbekommen.

»Woher willst du das wissen?«, fragte Michael.

»Weil der Sabotageakt auf das Absprungbrett nur Sinn ergibt, wenn der Springer das Brett trifft«, antwortete Linh.

Michael und Lennart schauten sich verblüfft an. Linh hatte recht.

»Achtung!«, rief Lennart ihnen zu und zeigte auf die Anlaufbahn.

Tom war gestartet. Gewohnt kraftvoll und schnell sprintete er mit bewundernswert gleichmäßigen Schritten auf die Grube zu. Er traf das Absprungbrett perfekt, hob ab, ruderte mit den Armen, um sich zusätzlich Schwung zu geben, riss kurz vor der Landung die Beine noch mal hoch und landete bei 4 Meter 19.

»Verdammt gut«, musste Jabali anerkennen.

Jetzt war Michael dran.

»Du schaffst es!«, redete Lennart ihm Mut zu.

Michael nickte nur stumm. Er war nervös, stellte sich an seine Anlaufmarkierung, prüfte, ob er mit dem Fuß an der richtigen Stelle stand, zog den Fuß noch mal zurück, dann rutschte er wieder ein wenig vor, ließ seinen Blick zu den anderen Markie-

rungen schweifen, ging in Gedanken seinen Laufrhythmus noch mal durch, machte einen Ausfallschritt nach vorn. Genau so groß mussten seine Schritte sein. Unzählige Male hatte er es geübt, mit voller Kraft zu sprinten, ohne die Schritte zu vergrößern oder zu verkleinern. Wie ein Automat mussten seine Füße das einheitliche Schrittmaß einhalten, damit er am Ende aus vollem Lauf den Absprung traf.

Michael wippte vor und zurück, machte immer wieder diesen ersten Schritt, um sich das Schrittmaß noch einmal gründlich einzuprägen.

Und dann rannte er los. Pustete, hechelte, aus den Augenwinkeln ein Blick auf die zweite Markierung: Es passte. Weiter. Beschleunigen. Er konnte noch schneller. Nächste Markierung. Passte! Oder? War sein letzter Schritt zu klein? Da vorn schon das Absprungbrett. Michael wurde unsicher. Tippelte kurz. Verlor deshalb an Tempo. Sprang ab.

»Spitze!«, jubelte Jabali. »Bestimmt über 4 Meter 20!«

Doch Linh dämpfte seine Freunde. Sie zeigte auf den Kampfrichter, der eine rote Fahne zeigte: Ungültig!

Michael schüttelte fassungslos den Kopf, lief zur

Absprungstelle und besah sich seinen Fußabdruck auf dem gekreideten Absprungbalken. Der Kampfrichter hatte recht. Er war übergetreten. Einen halben Zentimeter.

»Mist!«, schrie Michael seinen Ärger heraus.

Da war Lennart schon zur Stelle, der als Sprinter auch Weitsprungerfahrung hatte.

»Mach dir nichts draus«, tröstete er. »Die Weite hat gestimmt. Du bist wieder da! Jetzt nur noch konzentrieren, dann hast du's!«

Michael nickte. Er war einfach nur zu nervös gewesen. Beim nächsten Sprung würde er sich an die Spitze setzen. Ganz bestimmt.

Endlich ein Sieg

Michael hatte sich seinen Trainingsanzug übergezogen, um nicht zu sehr auszukühlen und einer drohenden Muskelverhärtung vorzubeugen. Er holte eine Flasche Wasser aus seiner Tasche und wollte sie gerade öffnen, als er stutzte. Er hatte die Flasche vor seinem Sprung schon geöffnet und daraus getrunken. Jetzt traute er sich nicht mehr.

Lennart begriff. »Warte«, bot er sich an. »Ich habe noch eine original verschlossene Flasche. Mit der kann nichts sein.« Er lief los, holte seinen Rucksack und reichte Michael die Flasche.

»Danke«, sagte Michael und trank endlich.

»Mensch Leute, das ist doch verrückt«, bemerkte Ilka. »Jetzt wagen wir es schon auf unserem eigenen Sportfest nicht mehr, Wasser zu trinken.«

»Stimmt«, bestätigte Lennart. »So geht es nicht weiter. Wir müssen ...« Er brach ab und drehte sich suchend um. »Wo sind denn Jabali und Linh?«

Jabali war schon gegangen, weil er sich auf seinen 1500-Meter-Lauf vorbereiten musste, der noch an diesem Tag stattfand.

Linh aber stand noch immer neben dem Absprungbrett und träumte. Es sah jedenfalls so aus, als ob sie mit offenen Augen träumte. Ihr Blick ging starr geradeaus.

»Was ist mit ihr?«, fragte Lennart. Ilka und Michael wussten es nicht. Um es herauszufinden, gingen die drei auf sie zu und fragten nach.

Ohne sie anzusehen, antwortete Linh: »Ich denke nach.«

»Aha«, sagte Michael. »Und worüber?«

»Über zwei Fragen«, setzt Linh fort. »Die erste Frage lautet: Wie schafft es jemand, an einem einzigen Tag unbemerkt eine Flasche Apfelschorle zu manipulieren, einen Schwimmanzug und zehn Paar Schuhe zu stehlen und dann noch das Absprungbrett einzuseifen?«

»Ganz einfach«, entgegnete Michael. »Die Grünheimer sind viele. Die haben sich aufgeteilt. Jeder von ihnen macht nur eine Sauerei. In der Summe kommt da aber viel zusammen.«

»Und stehlen ihre eigenen Schuhe?«, hakte Linh nach.

»Klar«, fand Michael. »Um uns den Diebstahl in

die Schuhe zu schieben! Damit wir – die härtesten Gegner der Grünheimer – disqualifiziert werden.«

»Angenommen, es waren nicht die Grünheimer«, warf Linh ein.

»Nicht?«, wunderte sich Michael. »Wer denn sonst?«

Linh nickte. »Genau das will ich ja herausbekommen.« Mit einer ausholenden Bewegung zeigte sie auf die 8000 Zuschauer. »Wenn es einer von ihnen wäre, würde man ihn doch bemerken. Ein normaler Zuschauer kommt nicht bis hierher zur Sprunggrube. Es ist abgesperrt.«

»Eben.« Michael sah das nur als Bestätigung. »Die Grünheimer können aber überall hin.«

»Die Kampfrichter auch«, betonte Linh. »Und alle Helfer. Es muss jemand sein, der die Ablaufpläne kennt.«

»Ablaufpläne?«, mischte sich jetzt Ilka ein. »Die hat doch jeder Teilnehmer bekommen!«

»Nur die Wettkampfzeiten«, entgegnete Linh. »Aber nicht die Dienstzeiten der Helfer. Um überall ungesehen aufzutauchen, muss der Täter die Pläne kennen.«

»Wow!« Lennart musste erst einmal Luft holen. »Das, was Linh da behauptete, das hieße ja ...«

»Der Täter ist im Helferkreis zu suchen. Genau!«, bestätigte Linh seinen Verdacht.

Das Gespräch zwischen den vieren wurde durch ein kräftiges Händeklatschen unterbrochen.

Frau Kick kam herangerauscht. »Was ist denn mit euch los?«, fragte sie. »Michael, willst du nicht mehr springen?«

»Ich? Doch? Wieso?«, stotterte Michael. Siedend heiß fiel es ihm ein. Sein zweiter Versuch! Verflixt. Durch die ganze Aufregung und diesen dämlichen Attentäter hatte er glatt seinen zweiten Versuch vergessen. Das war ihm noch nie passiert.

»Ich komme!«, rief er hastig.

»Das wird auch Zeit. Du wurdest schon zwei Mal vergeblich aufgerufen. Jetzt hast du noch 20 Sekunden, bis du startest.«

»Verdammt!«, fluchte Michael, riss sich seinen Trainingsanzug vom Leib, warf ihn achtlos irgendwo in die Gegend, spurtete zu seiner Absprungmarke und von dort, ohne anzuhalten, gleich weiter zum Anlauf für den Weitsprung.

»Viel zu überhastet«, kommentierte Linh. »Das wird doch nichts!«

In der Tat wurde es nichts. Michael musste mehr als einmal tippeln, traf zwar diesmal das Absprung-

82 brett richtig, war mit seinem Anlauf aber überhaupt nicht richtig auf Tempo gekommen.

»Gültig«, rief Lennart. »Immerhin.«

»Ja«, brummte Ilka. »Aber sieh dir mal das Ergebnis an.«

3 Meter 51, zeigte die Anzeigetafel.

»O Gott!«, entfuhr es Lennart.

Michael stand noch immer in der Grube und wäre am liebsten im Sand versunken. So einen peinlichen Sprung hatte er noch nie abgeliefert.

»Warum hat er den nicht lieber ungültig gemacht?«, fragte sich Ilka.

Das war durchaus eine übliche Methode. Bemerkten die Springer, dass der Anlauf nicht passte, traten sie einfach über oder liefen durch, ohne zu springen. In der Statistik erschien dann ein Ungültig. Das war allemal angenehmer als ein peinliches Ergebnis. Michael aber hatte diese Möglichkeit verpasst und so tauchte in seiner Sprungstatistik statt eines weiteren Ungültig 3 Meter 51 auf.

Toms zweiter Versuch hatte bei 4 Meter 65 gelegen. Entsprechend gut gelaunt kam er auf Michael zu.

»Da springe ich ja mit gefesselten Füßen noch weiter«, lachte er.

»Noch so einen Spruch, dann wirst du es auch tun müssen«, gab Michael zurück. Und stampfte wütend aus der Sprunggrube heraus. Denn das Schlimmste war: Es stimmte, was Tom sagte.

Seine Freunde empfingen ihn mit betretenen Gesichtern. Natürlich wussten sie, weshalb er diesen Sprung verpatzt hatte. Nur nützte das Michael herzlich wenig. Jetzt hatte er nur noch einen einzigen Versuch. Wenn der nicht saß, dann ...

»Den letzten Versuch wird er wieder nicht mit vollem Tempo anlaufen«, flüsterte Ilka Linh ins Ohr. »Er hat viel zu viel Angst, überzutreten und seinen letzten Versuch ungültig zu springen.«

Linh teilte Ilkas Sorge. Auch sie schätzte Michael nicht gerade als sehr nervenstark ein. Aber was konnten sie tun?

Die anderen Zehnkämpfer sprangen ebenfalls recht passable Weiten. Keiner so gut wie Tom, aber alle deutlich über vier Meter. Michael stand weit abgeschlagen auf dem letzten Platz.

Diesmal zog sich Michael seinen Trainingsanzug gar nicht erst über. Kein zweites Mal wollte er sich derart verspäten. Aufgeregt wie ein Tiger im Käfig ging er auf und ab. Wenigstens ließ sein Magen ihn in Ruhe.

»Nervös?«, fragte Tom und setzte sich demonstrativ direkt vor Michael auf den Boden. Doch zum Glück wurde Tom gleich wieder aufgerufen. Sein dritter Versuch. Betont lässig erhob er sich, lockerte seine Beine, hüpfte ein paarmal. Er hatte nichts mehr zu verlieren. Niemand hatte auch nur annähernd seine Weite erreicht.

Tom konzentrierte sich kurz, spurtete dann los, nahm ungeheures Tempo auf, sprang ab, traf das Brett optimal, ruderte in der Luft mit den Armen, warf kurz vor der Landung noch einmal energisch die Beine nach vorn und landete ebenso perfekt. Ein grandioser Sprung. Und sehr weit.

Michael verzog das Gesicht.

Die Anzeigetafel zeigte 4 Meter 69.

Die 8000 Zuschauer jubelten. Tom riss freudig die Arme hoch, hüpfte glücklich aus dem Sand heraus und rief Michael über die Schulter zu: »Und jetzt bist du dran.«

Michael zitterten die Knie. Vor Wut, vor Aufregung, vor Angst, zu versagen. Er schlich förmlich zu seiner Ablaufmarke.

»Locker bleiben«, rief Lennart ihm zu, obwohl er wusste, in dieser Situation war es schlicht unmöglich.

»Du schaffst es«, feuerte Ilka ihn an.

Tom lachte. »Das glaubt ihr doch selbst nicht!«

Linh lief zu Michael.

»Was willst du?«, fragte er nervös. »Lass mich. Ich muss mich konzentrieren!«

Linh ließ sich nicht abhalten, kam ganz dicht an Michael heran und flüsterte ihm ins Ohr: »Denk dran: Wer andere bezwingt, ist stark; wer sich selbst bezwingt, ist unbezwingbar.«

Michael sah Linh mit großen Augen an. Sie lächelte, nahm seine Hand und drückte sie fest.

»Tom ist nicht dein Gegner, nur du selbst«, sagte sie ihm. »Und mit dir wirst du ja wohl noch fertig, oder?« Sie ließ Michaels Hand los, zwinkerte ihm kurz zu, trat zurück und ließ ihn allein.

»Na, was hattest du denn mit dem Versager zu flüstern?«, lästerte Tom.

Linh ging auf Tom zu, wie sie eben noch auf Michael zugegangen war, und hauchte ihm ins Ohr: »Ich habe ihn verzaubert. Also nicht wundern!«

»Hä?«, fragte Tom.

Michael bekam es mit und musste lachen. Linh und ihre Sinnsprüche, dachte er. Tom wird sie nie verstehen.

Dann konzentrierte er sich auf seinen Sprung.

Fixierte mit seinem Blick das Absprungbrett und ließ sich Linhs Spruch durch den Kopf gehen: Wer sich selbst bezwingt, ist unbezwingbar!

Er konnte es schaffen. Das wusste er.

Er musste es schaffen.

Was scherte ihn Toms Supersprung?

Er würde es schaffen! Er war unbezwingbar! Linh wusste es. Er wusste es. Und der Rest der Welt würde es gleich ebenfalls wissen.

Noch einmal flog sein Blick hinüber zu Linh, die kurz die Augen schloss, ihm zunickte, die Augen wieder öffnete und lächelte.

Michael verstand. Begann zu spurten. Im Stand. Er verharrte auf der Stelle und machte schnelle Sprintschritte, immer schneller, immer schneller. Als ob er laufen wollte und ihn eine unsichtbare Kraft festhielt. Bis er das Gefühl hatte, die richtige Betriebstemperatur erreicht zu haben. Dann schoss er los.

»Wow!«, stieß Lennart am Rand der Anlaufbahn aus. »Was für ein Tempo!«

»So schnell war Michael noch nie!«, war sich auch Ilka sicher.

Michael sprintete, was das Zeug hielt, achtete nicht auf seine Markierungen. Sein Rhythmus stimmte. Das spürte er. Tempo!, befahl er sich. Da war noch mehr drin! Er wurde noch schneller. Das Absprungbrett nahm er nur im Unterbewusstsein wahr, machte sich keine Gedanken darüber, legte all seine Konzentration und all seine Kraft ins Absprungbein.

Jetzt! Michael hob ab, fühlte, wie hoch er kam. Und weit. Er flog. Holte zusätzlichen Schwung mit den Armen, riss die Beine so weit vor, wie er es im Flug noch schaffte, landete, drohte nach hinten zu fallen, verlagerte blitzartig den Schwerpunkt und kippte schräg nach vorn.

Michael hörte den Jubel seiner Freunde. Er drehte sich zum Kampfrichter um, sah die weiße Fahne. Gültig. Dann das Ergebnis. Die Anzeigetafel flackerte auf. 4 Meter 71. Erster Platz.

Und schon waren sie da. Ilka, Lennart und Linh sprangen um Michael herum, umarmten ihn und ließen ihn hochleben.

»Das gibt satte Punkte!«, rief Lennart.

Entgegen seiner sonstigen Art blieb Michael in diesem Augenblick ganz ruhig. Er schaute Linh an und sagte leise nur ein Wort: »Danke.«

Auch Frau Kick kam, um Michael zu gratulieren.

Niemand sah, wie Tom fassungslos den Kopf schüttelte und sich vom Platz trollte.

Mit seiner Jahresbestleistung war er nur Zweiter geworden. Er konnte es nicht glauben.

»Und jetzt?«, fragte Frau Kick in die Runde. »Wollt ihr Jabali nicht unterstützen?«

»Doch, natürlich!«, antwortete Lennart. »Aber bis zu seinem Start ist ja noch ein wenig Zeit.

Frau Kick schüttelte den Kopf. »Zeit? Und was ist mit den Müllbergen von heute Morgen? Die liegen noch alle da!«

Linh schlug sich mit der Hand vor die Stirn. Der Müll! Den hatten sie in der Aufregung ganz vergessen! Linh hasste es, Dinge unfertig liegen zu lassen.

»Was sollen die Gäste von unserer Schule denken?«, wies Frau Kick die Kinder zurecht. »Dass wir hier keine Mini-Olympiade, sondern Müllfestspiele veranstalten?«

»Schon gut, schon gut«, beschwichtigte Michael. »Wir machen das sofort.«

Frau Kick nickte zufrieden. »Wenn ihr Jabali noch anfeuern wollt, müsst ihr euch aber beeilen!«

Sofort zogen die Kinder los.

Kaum hatten sie vor dem Stadion neue Schürzen aus Mülltüten und ihre Plastikhandschuhe angezogen, kamen natürlich ein paar der Grünheimer vorbei. Allen voran Tom. Mit breitem Grinsen blieb er stehen und zeigte auf Michael und seine Freunde.

»Na, habt ihr endlich eure wahre Bestimmung erkannt?«, spottete er. »Ich wollte euch nur sagen, bei Michaels Sprung war heftiger Rückenwind. Wir lassen gerade prüfen, ob sein Sprung überhaupt gewertet werden kann.«

Michael wurde weiß im Gesicht. »Was?«

Lennart hielt ihn zurück. »Lass ihn doch reden. Ist doch alles Quatsch!«

»Quatsch?«, wiederholte Tom. »Fragt doch selbst nach!«

»Das werden wir tun!«, versprach Lennart.

Ilka schob einen der Grünheimer beiseite, weil er auf einem Plastikbecher stand.

»Vorsicht«, sagte sie. »Sonst landest du gleich mit im Müll.«

Linh lächelte Tom freundlich an.

Doch der ließ es sich nicht nehmen, die Misserfolge der Fünf Asse aufzuzählen: »Ich meine, wenn die den Sprung aberkennen, bleibt ja nicht mehr viel. Michael hat im Sprint versagt und Ilka ist beim Schwimmen ja fast ertrunken. Und euch nennt man die Fünf Asse? Dass ich nicht lache. Die Fünf Nieten wäre wohl richtiger!«

Michael zerknüllte den Plastikbecher in seiner Hand, bevor er ihn in die Mülltüte feuerte. Er wollte sich nicht provozieren lassen, aber es fiel ihm verdammt schwer.

»Du meinst, ihr gewinnt?«, fragte Linh freundlich.

Tom lachte auf. »Wer sonst? Bin gespannt, was Jabali gleich beim 1500-Meter-Lauf für einen Mist verzapft.«

Bevor Michael aufbrausen konnte, ging Linh einen Schritt auf Tom zu.

»Es ist besser, geringe Taten zu vollbringen, als große zu planen«, sagte sie.

»Hä?« Tom verstand die chinesische Weisheit von Linh wieder nicht. »Was heißt das denn?«

»Das heißt, du könntest eigentlich mit anpacken«, grinste Ilka und drückte Tom eine Mülltüte in die Hand.

Tom wollte sie gerade wegwerfen, da kam ein Sportlehrer der Grünheimer vorbei, sah Tom mit der Mülltüte in der Hand und ging auf ihn zu.

»Das ist aber fein, dass ihr den Gastgebern zur Hand geht. Echter Sportsgeist. Kommt, ich mache auch mit!« Er nahm sich eine Mülltüte von Ilka und begann, Müll einzusammeln.

»Toll!«, lachte Lennart und wandte sich an die

anderen Grünheimer, die verblüfft dastanden. »Hier habt ihr Tüten!«

Mit breitem Grinsen auf dem Gesicht verteilte er an alle Mülltüten, und die Grünheimer waren so verdutzt, dass sie die tatsächlich annahmen. In Anbetracht ihres müllsammelnden Sportlehrers konnten sie schlecht ablehnen und einfach fortgehen. Widerwillig fingen also auch sie an, beim Müllsammeln zu helfen.

Michael feixte vor sich hin und hatte eine Idee. »Ach herrje!«, rief er theatralisch aus.

»Was ist?«, fragte der Grünheimer Sportlehrer.

»Wir müssen noch den Tee für heute Abend zubereiten«, schwindelte Michael. Zwar stimmte es und sie mussten wirklich den Tee kochen, aber dafür hatten sie noch drei Stunden Zeit. Michael behauptete aber: »Wir sind schon spät dran.«

Der Sportlehrer winkte ab. »Geht nur. Wir machen das hier schon!«

Tom fiel die Kinnlade herunter, als Michael, Lennart, Ilka und Linh mit schelmischem Grinsen ihre Schürzen und Handschuhe ablegten und sich verabschiedeten.

»Wirklich nett von euch«, rief Ilka ihnen noch zu.

Helfer unter falschem Namen

Michael, Ilka, Linh und Lennart kamen ein wenig zu spät an die Laufbahn. Sie hatten sich noch schnell über die Beschwerde der Grünheimer wegen des angeblich zu starken Rückenwinds bei Michaels Sprung erkundigt. Aber wie sie gehofft hatten, hatte der Wind die zulässige Stärke nicht überschritten. Wenigstens das war in Ordnung.

Gerade war der Startschuss für den 1500-Meter-Lauf gefallen. Jabali gehörte zu den Favoriten. Doch schon auf den ersten Blick sah Lennart, dass etwas nicht stimmte. Jabali lief irgendwie komisch. Dabei hatte sich Jabali noch kurz vor dem Lauf gut und siegessicher gefühlt. Jetzt aber lief er wie auf heißen Kohlen.

»Als ob er was im Schuh hat!«, glaubte Linh, nachdem sie Jabalis Laufstil einen Moment lang beobachtet hatte.

Michael stöhnte auf. »Wieder ein Anschlag!«

»Das kann nicht sein«, widersprach Ilka. »Wenn

der etwas im Schuh hätte, hätte er das doch gleich gemerkt, schon beim Anziehen.«

»Trotzdem«, beharrte Linh. »Irgendetwas ist da.«

Die Läufer hatten die erste Runde hinter sich. Jabali lief jetzt direkt an seinen Freunden vorbei. Linh war kurz versucht, ihn zu fragen, was mit ihm los war. Aber sie wusste, man konnte sich mit einem Läufer nicht während des Laufs unterhalten. Obwohl Jabali alles andere als konzentriert wirkte. Entsprechend war er schon zurückgefallen. Wie bei Ilka und Michael zuvor ein völlig ungewohntes Bild.

Plötzlich blieb Jabali sogar ganz stehen.

»Mein Gott, was macht er denn jetzt?«, rief Ilka entsetzt und raufte sich die Haare.

»Was ist?«, rief Linh ihm zu, entgegen allen Verhaltensregeln.

»Lauf weiter!«, forderte Michael ihn auf. »Du schaffst es. Lauf weiter!«

Jabali riss sich den rechten Schuh vom Fuß und feuerte ihn auf den Rasen in der Stadionmitte.

»Der . . .«, stotterte Lennart verblüfft.

». . . zieht sich die Schuhe aus«, beendete Michael den Satz, ebenso verdutzt.

Tatsächlich warf Jabali nun auch den zweiten

Schuh weg. Und setzte seinen Lauf fort. Barfuß!

»Der ist verrückt«, befand Linh.

Nicht allzu weit entfernt hockten die Grünheimer und beobachteten ebenso verblüfft, was Jabali da auf der Laufbahn veranstaltete. Anders als Jabalis Freunde brachen sie in tosendes Gelächter aus.

»Der macht sich zum Clown«, ärgerte sich Michael.

Ilka sah das anders. »Wieso?«, fragte sie in die Runde. »Ich bin mit einem Turnanzug geschwommen, Jabali läuft eben barfuß! Die Grünheimer haben doch keine Ahnung!«

»Keine Ahnung?«, motzte Michael. »Die führen!«

In der Tat waren die ersten beiden Läufer vom Grünheim-Gymnasium.

Ilka aber wiegelte ab und feuerte Jabali weiter lauthals an: »Super, Jabali! Komm, die holst du noch!«

Jabali hatte mittlerweile einen Abstand von mehr als 20 Metern zum letzten Läufer des Feldes, aber immerhin waren noch mehr als zweieinhalb Runden zu laufen.

»Das schafft er!« Daran glaubte Ilka fest.

Michael hatte da seine Zweifel. »Von der Kondition her vielleicht«, warf er ein. »Aber noch 1100 Meter barfuß über die Tartanbahn? Dem qualmen doch die Füße schon nach der nächsten Runde.«

Missmutig betrachtete er aus den Augenwinkeln, wie die Grünheimer sich amüsierten. Sie zeigten auf Jabali, lachten und einige zogen sogar schnell ihre Digitalkameras aus den Rucksäcken.

»Seht euch das an!«, ärgerte sich Lennart. »Mir soll keiner erzählen, dass die nicht dahinterstecken. Man sollte die Grünheimer komplett vom Wettkampf ausschließen!«

Der Meinung war Michael ja ohnehin schon lange.

Linh beteiligte sich nicht an der Debatte. Sie vergewisserte sich, dass die Laufbahn komplett frei war, und lief hinüber, um Jabalis Schuhe aufzusammeln.

Kurz darauf erschien sie wieder bei ihren Freunden und stellte fest: »Mit den Schuhen ist alles in Ordnung. Ich verstehe das nicht.«

Lennart nahm ihr die Schuhe ab, um sie selbst noch einmal genau zu untersuchen. Jabali lief doch nicht freiwillig barfuß. Das konnte er sich nicht vorstellen.

Die Grünheimer grölten. Sie hatten allen Grund, gut gelaunt zu sein.

Jabali hatte zwar wieder Anschluss zum Feld ge-

funden. Aber die beiden Grünheimer hatten dafür ihren Abstand zum Feld ausgebaut und liefen den anderen gut zehn Meter voraus.

»Das geht nicht gut«, unkte Lennart. »Mann, der kann doch nicht die ganze Strecke barfuß laufen!«

»Abele Bikila«, sagte Linh leise vor sich hin.

»Was hast du da gesagt?«, fragte Lennart.

»Abele Bikila«, wiederholte Linh. »Ich bin sicher, Jabali hat an ihn gedacht, als er seine Schuhe auszog.«

»Wer: *ihn*? Wer ist denn das?«, fragte Ilka nach.

»Abele Bikila war ein äthiopischer Läufer, der die erste Olympische Medaille für ein afrikanisches Land in der Geschichte der Olympischen Spiele geholt hat. Rom 1960. Im Marathonlauf. Und wie lief er?«

»Sag jetzt nicht: barfuß.« Michael konnte sich das nicht vorstellen, 42 Kilometer auf Asphalt ohne Schuhe zu laufen.

»Doch«, bestätigte Linh. »Und zwar lief er damals Weltrekord.«

»Wahnsinn«, stieß Michael. »Was hatte denn der für Füße?«

»Gut trainierte«, antwortete Linh. »Viele Dorfkinder in Äthiopien hatten einen sehr weiten Schulweg. Sie mussten teilweise 15, 20 oder mehr Kilometer zur Schule laufen. Und wohlgemerkt: Sie gingen die Strecke nicht, sie *liefen* sie.«

»Wie Jabali, der auch immer läuft«, fiel Lennart ein.

Linh nickte. »Ja. Ich glaube, in manchen Gebieten ist es immer noch so. Und viele Kinder haben keine Schuhe oder die Schuhe sind durchgelaufen, so wie übrigens auch die Laufschuhe von Bikila 1960 in Rom. Die Zeit war zu kurz, neue Schuhe einzulaufen, also lief er barfuß. Aber als Kind war er auch täglich 25 Kilometer barfuß in die Schule und zurück gelaufen.«

»Woher weißt du das alles?«, wunderte sich Ilka.

»Jabali hat ein Bild von diesem Läufer in seine Schulmappe geklebt. Und unter uns: Es ist nicht das erste Mal, dass er barfuß läuft.«

Ilka schüttelte den Kopf. Davon hatte sie noch nie etwas gehört. Da war man schon so lange mit jemandem befreundet und wusste doch kaum etwas von ihm. Ein bisschen war sie in diesem Augenblick sogar eifersüchtig auf Linh.

Auch Michael und Lennart hatten noch nie etwas von Jabalis Vorbild mitbekommen.

Auf jeden Fall hatte Jabali durch das Nacheifern

seines großen Vorbildes Abele Bikila nun die besten Chancen, den Lauf auch barfuß zu bestehen: Jetzt schob er sich schon an die dritte Stelle vor, direkt hinter die beiden Grünheimer.

»Wenn Jabali sich nicht rechtzeitig einen großen Abstand verschafft, verliert er«, war Lennart sich sicher. »Gegen den Sprint von dem Dings kommt er nicht an. Wie heißt der noch mal?« Vor lauter Aufregung fiel ihm der Name des Grünheimers nicht ein, der im Moment an zweiter Position lief.

»Matthias«, half Michael ihm auf die Sprünge. Die meisten der Teilnehmer kannten sie natürlich nicht mit Namen. Im Gegenteil, es waren viele Schulen dabei, gegen die Michael und seine Freunde noch nie im Wettkampf angetreten waren. Die alten Rivalen aus Grünheim aber waren alle bekannt. Jeder Einzelne. Mit Stärken und Schwächen. Während Jabali auch die 5000 Meter lief und sogar schon mal einen Halbmarathon gelaufen war, war der Grünheimer Matthias spezialisiert auf die 1500 Meter. Etwa 100 Meter vor dem Ziel zog er in der Regel seinen Sprint an, dem niemand folgen konnte.

Der Grünheimer, der gerade an erster Position lief, stellte für Jabali keine Gefahr da. Das wussten auch Michael und Lennart.

»Das ist nur der Tempomacher«, verkündete Michael. »Der steigt gleich aus.«

Auch Jabali wusste das natürlich. Er erhöhte das Tempo und sogleich bewahrheitete sich, was Michael vorausgesehen hatte. Der führende Grünheimer wurde sowohl von Jabali als auch von Matthias überholt und fiel schnell zurück. Doch Jabali begnügte sich damit nicht. Er nutzte seinen Schwung und zog auch gleich an Matthias vorbei.

»Jetzt greift er an!«, rief Michael aufgeregt.

»Richtig so!«, jubelte Lennart.

Doch Matthias ging mit. Jabali hatte ihn zwar überholt, konnte sich aber keinen Vorsprung herauslaufen. Auch der Dritte hinter Jabali und Matthias zog an dem Grünheimer vorbei, der eben noch den Lauf angeführt hatte. Jabali lief jetzt an erster Position und verschärfte noch einmal das Tempo.

»Noch 300 Meter«, stellte Ilka fest.

Matthias ließ ein wenig abreißen.

»Jetzt hat er's«, glaubte Lennart schon.

Doch mehr als vier, fünf Meter Abstand ließ Matthias nicht zu.

»Das reicht nicht.« Linh presste die Lippen aufeinander. Sie drückte die Daumen, wippelte aufgeregt hin und her. Drei, vier Meter musste Jabali

noch herausholen, wenn er nicht im Sprint noch besiegt werden wollte.

Jabali holte alles aus sich heraus, zog noch mal an. Matthias hielt mit. Nicht mehr als fünf, vielleicht sechs Meter lagen nun zwischen ihm und Jabali. Die beiden erreichten die letzte Kurve.

Jetzt drehte Matthias auf. Früher als üblich.

Linh stockte der Atem. »Er wird nervös«, sagte sie.

»Ich auch«, bekannte Lennart.

Deutlich sichtbar verringerte Matthias den Abstand zu Jabali.

Ilka, Michael und Lennart konnten schon fast nicht mehr hinsehen. Doch Linh war sich sicher: »Matthias hat seinen Spurt zu früh angesetzt. Das hält er nicht durch. Er ist auf Jabali hereingefallen.«

Als die beiden aus der Kurve heraus in die Zielgerade einliefen, betrug Jabalis Vorsprung höchstens noch zwei Meter. Matthias lief aus Jabalis Windschatten heraus, kam an Jabali heran, lief nun direkt neben ihm.

»Mist!«, resignierte Michael.

Auch Lennart glaubte: »Das war's.«

Ilka feuerte Jabali noch mal kräftig an.

Und Linh blieb bei ihrer Meinung. »Matthias bricht ein!«

Das glaubten die Grünheimer ein paar Meter weiter nun ganz und gar nicht. Aufgeregt sprangen sie herum, feuerten Matthias an und jubelten.

Und tatsächlich konnte Matthias einen kleinen Vorsprung von einem knappen Meter herausholen. Jabali hielt für einen Moment den Abstand.

Noch knapp vierzig Meter trennten die beiden von der Ziellinie.

»Zieh durch, Jabali!«, brüllte Michael. Er hielt seine Hände wie einen Trichter vor den Mund. »Du schaffst es!«

Matthias wurde natürlich ebenso von seinen Grünheimern angefeuert.

Das ganze Stadion hatte nun plötzlich seine Aufmerksamkeit auf dieses Finish gelegt und ging voll mit.

Die meisten Zuschauer erhoben sich sogar von ihren Sitzen und applaudierten mit stehenden Ovationen. Sie brüllten und feuerten an, selbst wenn sie gar keinen der beiden favorisierten, einfach nur weil die beiden Jungs sich so ein tolles, spannendes Rennen lieferten.

Lennart lief eine Gänsehaut über den Rücken. Solch eine fantastische Kulisse hatte er bei einem Leichtathletik-Wettbewerb noch nie erlebt. Voller

Vorfreude dachte er für einen Moment an seinen 100-Meter-Lauf, der ihm am letzten Tag bevorstand. Wenn das Publikum da auch so mitgehen würde ...

»Jaaaaa ... baaaa ... liiiii!«, piepste Linh.

Und jetzt kam Jabali noch einmal. Niemand wusste, woher er diese Kraftreserven nahm. Matthias galt im Endspurt des 1500-Meter-Laufs als unschlagbar. Er hatte einen Vorsprung von jetzt fast zwei Metern.

Aber Jabali holte auf, erreichte Matthias, zog sogar an ihm vorbei. Noch 15 Meter bis zum Ziel.

Lennart brüllte sich die Seele aus dem Leib: »Jaaaa...baaaa...«

Da schrie Jabali auf, zog seinen rechten Fuß zurück und stolperte.

Das genügte. Matthias, der Grünheimer, war auf und davon.

»Auweia!«, entfuhr es Ilka.

Jabali wischt mit einer Hand blitzschnell über seine Fußsohlen und rannte weiter – während Matthias locker durchs Ziel lief.

Die Grünheimer jubelten.

»Zweiter!«, rief Linh begeistert. »Ich hatte schon Angst, er hätte einen Bänderriss oder so etwas.«

»Nee, der ist in irgendwas reingetreten!«, glaubte Lennart und rannte zusammen mit den anderen sofort zu Jabali und überschüttete ihn mit Fragen.

»Heftzwecke!«, hechelte Jabali nur.

»Heft...« Linh blieb das Wort im Hals stecken. Hatte sie das richtig verstanden?

Jabali nickte. »Auf der Bahn kurz vor dem Ziel lagen Heftzwecken. Ich bin reingetreten. Und vorher hat mir jemand Juckpulver oder so was in die Schuhe gestreut. Das kann man vorher natürlich nicht sehen. Aber mitten im Lauf juckten und kribbelten plötzlich meine Füße wie verrückt. Nicht auszuhalten! Da musste ich sie einfach ausziehen!«

»Damit du barfuß läufst und in die Heftzwecken trittst«, kombinierte Ilka. »Was für eine Sauerei!«

Frau Kick kam angelaufen, genau wie nach dem Anschlag beim Weitsprung.

»Alles in Ordnung, Jabali?«

Jabali nickte.

Nachdem die restlichen Läufer durchs Ziel gekommen waren, lief Linh zu der Unglücksstelle, untersuchte sie und fand tatsächlich Heftzwecken auf der Bahn. Sie sammelte sie auf und zeigte sie Frau Kick.

»Schiebung!«, wütete Michael. »Der Lauf muss wiederholt werden!«

Frau Kick schaute nur verwundert auf die Nadeln. »Erst die Schmierseife beim Weitsprung, jetzt Heftzwecken auf der Tartanbahn. Was ist hier eigentlich los?«

»Die Grünheimer!« Michael konnte es nun nicht mehr länger für sich behalten. Er zeigte auf die jubelnde Traube der Grünheimer. »Das ist ja wohl kein Zufall, dass immer nur uns etwas passiert und dadurch die Grünheimer jedes Mal gewinnen.«

»Und die gestohlenen Schuhe?«, fragte Frau Kick.

Ilka zeigte auf die Füße der Grünheimer. »Haben Sie den Eindruck, denen fehlen die Schuhe?«

Frau Kick sah genau hin: Jeder Grünheimer trug seine Sportschuhe. Der gemeldete Diebstahl lag gerade mal drei Stunden zurück.

»Sehen Sie doch. Das sind auch keine neuen Schuhe. Die sind doch voll abgenutzt!«, setzte Lennart nach.

Auch Jabali sah es so. »Der ganze Diebstahl war nur vorgetäuscht, um uns die Schuld zu geben. Damit wir nichts mehr gegen die Grünheimer sagen dürfen.«

Nur Frau Kick wollte es immer noch nicht wahrhaben. Sie runzelte die Stirn, nahm Linh die Heftzwecken ab und versprach: »Ich werde die Sache mit dem Direktor besprechen.«

Michael nickte. Insgeheim aber dachte er: Oje. Der Direktor hatte von der Sache doch nichts mehr wissen wollen. Wenn der nun Ernst machte und ihn und Lennart vom Wettbewerb ausschloss, weil sie weiterhin die Grünheimer verdächtigten?

Genau das musste Lennart in diesem Augenblick auch gedacht haben. Denn kaum hatte Frau Kick ihnen den Rücken gekehrt, stöhnte er: »Ausgerechnet zum Direktor. So ein Mist!«

»Kommt mit!«, entschied Linh. Es war an der Zeit, endlich ihrer Theorie nachzugehen, nach der der Täter innerhalb der Helfercrew zu suchen war. Erst recht, nachdem sie nun Heftzwecken auf der Laufstrecke gefunden hatten. Niemand anderes als ein Helfer hätte sie dort verstreuen können. Und wenn Frau Kick jetzt den Direktor einschaltete, mussten sie sich beeilen.

»Wenn ihr wieder vor dem Direktor steht und keine Beweise habt, sieht es schlecht aus«, glaubte sie.

Da konnten Michael und Lennart nur zustimmen. So folgten sie Linh zur Aula, um sich dort gemeinsam die Helferlisten durchzusehen. Vielleicht fiel ihnen ja irgendetwas Außergewöhnliches auf.

Die große Aula der Schule diente dem Sportfest als zentrale Helfer- und Versorgungshalle. Von hier aus wurde alles organisiert und koordiniert: die Sanitäter, die Pressekontakte, die Wettkampfzeiten, der Speiseplan, die Einsatzpläne der Helfer, Köche, Ordnungsdienste, Wettkampfrichter; die Aula diente als Fundbüro und Ausgabestelle für alle möglichen Materialien vom Megafon bis zum Filzstift. Die Punktewertung wurde hier ebenso eingetragen und überprüft wie die Wettervorhersage verfolgt. Alles, was für die große Mini-Olympiade von Bedeutung war, wurde von hier aus organisiert. Entsprechend sah es in der Aula aus.

Linh stakste zwischen Schlafsäcken hindurch, die gleich am Eingang lagen. Hier schliefen alle, die nachts Dienst hatten. Dahinter hatten die Sanitäter ihr Lager aufgeschlagen. Etliche Kartons Verbandszeug und einige Tragen, senkrecht an die Wand gelehnt, standen hier bereit. Davor lagen zwei Sanitäter auf Pritschen und ruhten sich aus. Von irgendwo war das Rauschen eines Funkgerätes zu hören.

Aus unzähligen Stellwänden hatten die Lehrer kleine Nischen gebaut, die als Büros oder Ruheräume dienten und zwischen denen oft nur schmale Gänge durch die Aula führten. Mitten im Gewühl hockte Mathelehrer Hase an einem Klapptisch hinter einem Laptop und trug eifrig Wettkampfergebnisse in irgendwelche Listen ein.

»Hallo, Herr Hase«, begrüßte Lennart seinen Mathelehrer. »Wissen Sie, wo die Helferlisten ausliegen?«

Herr Hase sah nicht einmal auf. Als ob er eine Schulklasse zur Ruhe bringen wollte, hob er nur seinen rechten Zeigefinger und sagte, ohne den Blick von seinem Bildschirm zu wenden: »Weiß ich nicht!«

Lennart drehte sich schulterzuckend zu seinen Freunden zurück. Michael verstand: Sein Name ist Hase und er weiß von nichts. Das war bekannt. Herr Hase wusste alles über Mathematik und Physik, aber von allem, was darüber hinausging, hatte er keine Ahnung, weshalb er auch »der Ahnungslose« genannt wurde.

Michael, Lennart, Ilka, Linh und Jabali zwängten sich weiter durch die Gänge der Aula, vorbei an zahlreichen kleinen Büros, aus denen unterschiedliche Gesprächsfetzen zu ihnen hinausdrangen.

Auch Sportlehrer Thomas Wittler machte seinem Spitznamen »das Wiesel« einmal mehr alle Ehre. Plötzlich tauchte er aus einem der Büros auf,

huschte durch die Gänge, verschwand für einige Sekunden hinter ein paar anderen Stellwänden, kam mit einer Handvoll Zettel wieder zum Vorschein und tippelte weiter zu einem der hinteren Räume nahe der Bühne.

»Hallo, Herr Wie...« Lennart biss sich auf die Lippen. Beinahe wäre ihm »Herr Wiesel« herausgerutscht. Schnell korrigierte er sich. »Herr Wittler. Wissen Sie, wo die Helferlisten sind?«

Herr Wittler stoppte, drehte sich zu Lennart um und lächelte freundlich. Dabei wedelte er mit den Zetteln in seiner Hand wie mit einem Fächer. »Hier sind die Helferlisten. Wieso?«

Lennart stockte. Er wusste nicht, welchen Grund er nennen sollte. Ihren Verdacht zu erklären würde zu lang dauern.

Ilka sprang schnell für ihn ein. »Wir müssen nur mal eben etwas kontrollieren. Wir sollen gleich Tee kochen, aber ich glaube, das geht gar nicht.«

Herr Wittler reichte Ilka die Listen. »Die brauche ich aber gleich zurück«, sagte er und verschwand schon wieder in einem der nächsten kleinen Büros.

Sofort machte sie sich über die Listen her. Aber es ist schwer, etwas zu finden, wenn man nicht einmal weiß, wonach man sucht. Ilka ließ den Zeigefinger langsam über die Namen rutschen. Die anderen sahen ihr über die Schulter und suchten eifrig mit, wenngleich auch sie nicht wussten, wonach.

»Wir brauchen die anderen Listen«, sagte Linh.

Ilka wusste nicht, welche sie meinte.

»Dies sind die alphabetischen Listen aller Helfer. Wir brauchen die Einsatzpläne. Wir müssen doch wissen, wer zum Weitsprung der Zehnkämpfer, zum 1500-Meter-Lauf und beim Schwimmen eingesetzt war.«

Ilka begriff. Linh hegte offensichtlich die Hoffnung, bei allen Wettbewerben, bei denen Sabotageakte vorgekommen waren, den gleichen Namen zu entdecken.

»Na, das wäre wirklich zu schön, um wahr zu sein«, sagte Ilka.

Und auch Michael fand Linhs Idee zu einfach. »So blöd ist der Attentäter doch niemals«, war er sich sicher.

Trotzdem blätterte Ilka durch die Seiten, bis sie die Einsatzpläne fand.

Linh schaute auf ihre Uhr. »Der Weitsprung war um 13 Uhr.«

Ilka blätterte vor, bis sie die Helfer fand, die um

13 Uhr beim Weitsprung eingeteilt waren. Frau Kick war eingetragen als Kampfrichterin. Zwei Lehrer von Gastschulen, die die Weiten maßen, und zwei Schüler, die nach jedem Sprung den Sand wieder glatt harken mussten. Alles hatte seine Ordnung. Keine Auffälligkeit.

Ilka blätterte weiter zum Schwimmen. Auch hier fanden sie alle eingetragenen Helfer. Aber keiner der Namen glich denen beim Weitsprung.

Nun nahm Linh selbst die Listen in die Hand und blätterte durch bis zum 1500-Meter-Lauf. Auch da: andere Namen.

»Schade«, sagte Linh und ließ resigniert die Hände mit den Listen sinken. So kamen sie nicht weiter.

»Hab ich doch gleich gesagt«, behauptete Michael. »Reine Zeitverschwendung.«

Da kam auch schon Herr Wittler wieder um die Ecke.

»Und?«, fragte er. »Alles geklärt?«

»Ja«, nuschelte Linh. Noch immer ließ sie den Kopf hängen und reichte dem Lehrer die Listen zurück. Gerade wollte Herr Wittler danach greifen, als Linh eine Kleinigkeit auffiel. Sie zog die Listen zurück und schaute noch mal drauf. Ihr war ein kleines Zeichen neben einem Namen aufgefallen. Ein Minus, um das ein Kreis gemalt war.

»Was hat das zu bedeuten?«, fragte sie.

Herr Wittler betrachtete das Zeichen.

»Ach so, das meinst du«, antwortete er. »Das bedeutet, der Helfer ist krankgemeldet.«

»Aha«, sagte Linh und überlegte. »Und wer kam als Ersatz?«

Der Lehrer schaute abermals in die Liste. »Keiner«, stellte er schließlich fest. »Sonst wäre der Name durchgestrichen und der Ersatz dahinter vermerkt. Offenbar war Frau Kick in diesem Fall der Meinung, dass man keinen Ersatz benötigte.«

Linh schaute ihre Freunde an. Doch niemand fand an den Aussagen von Herrn Wittler etwas ungewöhnlich. Auch der Lehrer selbst wusste nicht, worauf Linh hinauswollte.

»Warum fragst du?«, setzte er deshalb nach.

»Och«, wiegelte Linh ab. »Nur so.«

Trotzdem gab sie die Listen noch nicht zurück, sondern sah sich den Namen des krankgemeldeten Helfers noch mal genau an: »Niklas Buntschuh.« Schnell blätterte sie wieder vor zu den Namenslisten. Auch dort war das Krankheitszeichen zu sehen. Allerdings mit einem Rotstift durchgekreuzt.

»Und was heißt das?«, fragte Linh.

Herr Wittler zuckte mit den Schultern. »Offenbar hatte dieser Niklas sich erst krankgemeldet, ist dann aber doch erschienen. Jedenfalls hat er seinen Helferausweis abgeholt.«

»Aber beim Weitsprung fehlte er doch?«, hakte Linh nach.

»Kinder, ich weiß es jetzt auch nicht. Ist das denn so wichtig? Fehlte beim Weitsprung jemand?«

»Nein, nein«, winkte Linh ab. »Schon gut. Vielen Dank!«

Herr Wittler nahm seine Listen entgegen. »Ich hab noch so schrecklich viel zu tun«, sagte er und wieselte weiter.

»Was sollte denn das?«, fragte Michael, als Herr Wittler außer Hörweite war. »Ich verstehe kein Wort.«

»Gib mal dein Handy«, bat Linh. »Schnell!«

Michael schaute sie verwundert an. Er stand im Trainingsanzug vor ihr. »Ich habe doch kein Handy dabei. Das ist in meiner Tasche.«

»Mist«, ärgerte sich Linh. »Merkt euch die Nummer: 12 54 77.«

»Deine Lottozahlen?«, fragte Lennart scherzhaft.

»Nein«, antwortete Linh ernst. »Aber vielleicht

trotzdem so viel wert wie sechs Richtige. Also? Wiederhole die Zahl.«

»Öh«, machte Lennart. »15 ... nee, 21 ... nein. Warte mal.«

»12 54 77«, rappelte Ilka herunter. »Was ist das für eine Nummer?«

»Die Telefonnummer von Niklas Buntschuh«, erklärte Linh. »Schnell. Ich brauche ein Telefon, bevor ich sie vergesse.«

»12 54 77«, wiederholte Ilka und stieß Jabali in die Seite. »Los, mach mit!«

»12 ...«, begann Jabali. »Wie weiter?«

Linh lief zu den Sanitätern, die sich noch immer auf der Pritsche ausruhten, und bat um ein Handy. Aber erst nachdem Linh all ihre Überredungskünste aufgeboten hatte, rückte der jüngste von ihnen endlich seines heraus.

»Weiß jemand die Vorwahl von Frankfurt?«, fragte Linh.

Lennart stöhnte. »Wozu das denn noch?«

»Niklas kommt von dort«, erklärte Linh.

»069«, rief Michael in die Runde. Das wusste er genau, denn in Frankfurt hatte die Deutsche Sportjugend ihre Geschäftsstelle. Mehr als einmal hatte Michael dort angerufen, um die Erlaubnis für den

Zehnkampf bei der Mini-Olympiade zu bekommen.

Linh wählte die Nummer.

Unter den gespannten Blicken ihrer Freunde wartete sie einen Augenblick, und dann ging tatsächlich jemand ran. Linh begrüßte den Teilnehmer freundlich, fragte nach Niklas, hörte einen Augenblick zu und sagte dann nur: »Ah ja, vielen Dank. Nein, Sie brauchen nichts auszurichten. Auf Wiederhören.«

Sie gab das Handy zurück und bedankte sich auch noch mal beim Sanitäter.

»Mann, mach es nicht so spannend«, drängte Lennart. »Was ist denn nun? Wer hat sich da gemeldet?«

»Die Mutter von Niklas Buntschuh«, berichtete Linh. »Niklas liegt zu Hause im Bett mit Mumps.«

»Mit Mumps?«, entfuhr es Michael. Dazu blies er die Backen auf, als wäre er selbst in dieser Sekunde daran erkrankt.

»Ja«, bestätigte Linh. »Und nun frage ich euch: Wie kann jemand, der in Frankfurt mit Mumps im Bett liegt, hier bei uns an der Schule seinen Helferausweis abgeholt haben?«

Das Aus für die Fünf Asse?

Das Sportfest ging noch immer reibungslos über die Bühne. Im voll besetzten Stadion herrschte eine ausgelassene, fröhliche Stimmung, das Wetter war herrlich und die letzten Wettkämpfe des Tages standen an. Im Moment fand das Speerwerfen der Jungs statt. Nur die Fünf Asse konnten die gute Stimmung im Stadion nach wie vor nicht genießen. Je mehr sie sich umschauten und auch die Ergebnisse der anderen Wettkämpfe verfolgten, desto klarer wurde ihnen, dass nur sie sabotiert wurden.

»Ich werde das Gefühl nicht los, dass es jemand speziell auf uns abgesehen hat«, sprach Ilka endlich aus, was die anderen auch schon vage vermutet hatten.

»Wer hat denn etwas gegen uns?«, fragte sich Jabali.

Die Antwort gaben Michael und Lennart wie aus einem Munde: »Die Grünheimer.«

»Genau genommen: Tom und vielleicht noch ein

paar Komplizen. Der weiß, dass wir besser sind und dass ich ihn im Zehnkampf schlagen würde, wenn er nicht zu unerlaubten Mitteln greifen würde«, ergänzte Michael.

Vielleicht stimmte es, was Michael behauptete. Vielleicht aber auch nicht, war Linhs Meinung. Fest stand für sie, dass sich ihr ursprünglicher Verdacht bestätigt hatte: Der Attentäter hatte sich als der krankgemeldete Niklas Buntschuh ausgegeben und sich auf diese Weise einen Helferausweis besorgt.

»Das bedeutet, dass er überall Zugang hat«, erklärte sie noch mal in die Runde. Sie saß auf dem Rasenstreifen am Rand des Stadions und blickte in das weite Rund, als würde dort oben irgendwo auf der Tribüne der Täter sitzen, sie beobachten und sich über sie lustig machen. »Deshalb konnte er leicht Ilkas Badeanzug stehlen, das Absprungbrett manipulieren, Michael das vergiftete Wasser hinstellen und Jabali Juckpulver in die Schuhe streuen.«

»Warum macht der das? Spinnt der?«, schimpfte Jabali und leckte an seinem Eis, das er sich am Stadioneingang gekauft hatte.

Eine gute Frage, fand Linh. »Selbst wenn er es wirklich nur auf uns fünf abgesehen hat: Warum? Haben wir irgendjemandem in der Vergangenheit etwas getan?« Wer immer der Täter war, so viel war sicher: Er würde nicht aufhören. »Wir müssen ihn stoppen, bevor etwas wirklich Schlimmes passiert. Beim Weitsprung hätte sich schon jemand verdammt verletzen können.«

»Jetzt wissen wir doch, wer es ist. Wir müssen nur den Helfer mit dem Schildchen *Niklas Buntschuh* finden und ihn zum Direktor abführen«, warf Ilka ein.

Dann schaute sie sich im Stadion um und überlegte, wie viele Helfer es auf diesem Sportfest wohl insgesamt gab. Soweit sie sich erinnern konnte, waren mehr als 100 Helfer im Einsatz.

»Nein«, stöhnte sie auf, »es sind zu viele. Wir können sie nicht alle überprüfen.«

Ähnlich schwierig sah auch Linh die Sache. »Außerdem wissen wir nicht, ob er mit dem Schild herumläuft«, gab sie zu bedenken. »Denn er bewegt sich ja schon lange in den abgesperrten Bereichen. Niemand wird da mehr nach seinem Helferausweis fragen. Ich denke eher, er schleicht unauffällig und verdeckt durch die Sicherheitsbereiche und schlägt immer wieder aufs Neue zu.«

»Dann müssen wir es dem Direktor melden«, fand Ilka.

Dem stimmte auch Linh zu. »Aber dadurch werden wir ihn nicht leichter finden. Wir müssen ihm eine Falle stellen.«

»Eine Falle? Was denn für eine Falle?«, fragte Jabali.

Auch Lennart konnte sich das nicht vorstellen. »Der Täter kann jederzeit zuschlagen. Wir haben keine Ahnung, wo und wann er das nächste Mal auftaucht. Wie soll man ihm da eine Falle stellen?«

Aber wenn es stimmte, dass der Täter es speziell auf sie abgesehen hatte, dann wurde die Auswahl schon enger. Die nächsten Wettkämpfe waren Michaels Kugelstoßen, Ilkas Zwischenlauf und am nächsten Vormittag Lennarts Sprint und Linhs Judokämpfe. Ursprünglich sollte gerade das Speerwerfen der Zehnkämpfer laufen. Aber durch eine kurzfristige Änderung fand stattdessen das reguläre Speerwerfen statt.

»Bei dem Hartmut aus der Parallelklasse übrigens ganz gute Chancen hat. Die beiden Favoriten sind krank«, fiel Lennart dazu ein.

»Wir müssen dem Täter etwas anbieten, wo er zuschlagen wird«, überlegte Linh weiter. »Etwas, das er sich nicht entgehen lassen kann. Und dann

stehen wir bereit und können ihn auf frischer Tat
ertappen.«

»Ein guter Plan«, fand Ilka. Die Frage war nur: Was sollte das für ein Angebot sein?

»Darüber können wir doch nachdenken, wenn wir beim Speerwerfen zuschauen«, drängte Lennart. »Hartmut hat wirklich gute Chancen!« Nach den Pleiten, die die Fünf Asse bisher erlebt hatten, würde ein Sieg ihrer Schule mehr als guttun.

Die anderen waren einverstanden. Schnell liefen sie hinüber ins Stadionrund, wo sie aber sofort von einem Helfer abgefangen wurden. »Zu gefährlich, Kinder. Hier läuft gerade das Speerwerfen!«

»Deshalb sind wir ja hier!«, erläuterte Michael.

Doch der Helfer ließ sich nicht erweichen. »Das könnt ihr auch von dort hinten sehen!« Er zeigte genau dorthin, von wo die Fünf Asse sich gerade auf den Weg gemacht hatten. Das war entschieden zu weit weg.

»Achtung!«, rief Lennart.

Michael duckte sich sofort, weil er dachte, ihm würde ein Speer um die Ohren fliegen. Aber Lennart zeigte nur, dass jetzt Hartmut mit Werfen an der Reihe war.

»Du Blödmann!«, beschwerte sich Michael. »Was jagst du mir für einen Schrecken ein!«

Hartmut lief an, warf seinen Speer mit voller Kraft, aber dann flutschte er ihm auf merkwürdige Weise aus der Hand. Statt hoch und gerade flog der Speer seitlich aus dem markierten Bereich.

Ein Raunen ging durchs Stadion und einer der Kampfrichter konnte gerade noch beiseitespringen, um nicht von dem Speer getroffen zu werden. Nur zehn Meter hinter dem Abwurf, aber knapp vor den Füßen des Kampfrichters bohrte sich der Speer in den Stadionrasen.

Hartmut stand fassungslos an der Abwurflinie und starrte auf seine Hände. Er konnte nicht glauben, was ihm gerade passiert war.

»Schmierseife!«, war Lennart sich sicher. »Genau wie beim Weitsprung!«

»Quatsch«, widersprach Michael. »Da merkt man mal, dass du noch nie einen Speer geworfen hast. Wenn der Speer mit Schmierseife präpariert gewesen wäre, hätte Hartmut das doch sofort gespürt und gar nicht erst geworfen.«

Das klang einleuchtend, musste Lennart zugeben. »Aber irgendetwas war da. Ganz sicher. Der wird ja wohl nicht absichtlich auf den Kampfrichter gezielt haben!«

»Nee, bestimmt nicht.« Davon war auch Michael überzeugt.

»Also los!« Michael und Lennart wollten zu Hartmut, um zu sehen, was passiert war.

Aber wieder stellte sich ihnen der Helfer in den Weg. »Weg. Verschwindet. Habt ihr nicht gerade gesehen, wie gefährlich das hier sein kann?«

Widerwillig ließen sich die Jungs abermals zurückschicken.

»Das kann doch nicht sein«, beschwerte sich Michael. »Wir stehen hier machtlos herum, während der Täter munter seine Spielchen treibt!«

»Na, von Spielchen kann ja wohl schon lange keine Rede mehr sein«, wandte Ilka ein. »Ich informiere den Direktor.« Und schon rannte sie los.

»Ich komme mit«, bot Jabali sich an.

Linh, Michael und Lennart blieben zurück und überlegten, was sie tun sollten. Sie beobachteten von Weitem, wie der Kampfrichter auf Hartmut zuging und ihn fragte, was geschehen war. Hartmut zuckte mit den Schultern. Wild gestikulierend erklärte er irgendetwas. Andere Kampfrichter unter-

suchten den Speer, den sie aus dem Boden gezogen hatten. Dann gaben sie dem ersten ein Zeichen und der begann, alle Speere der Werfer einzusammeln. Besser gesagt: Alle Werfer mussten ihre Speere holen und sie auf den Rasen vor dem Abwurfkreis legen.

»Das gibt eine größere Untersuchung«, stellte Lennart fest.

»Ja«, ergänzte Michael. »Heute wird das nichts mehr mit dem Werfen. Mann, der ganze Zeitplan geht durcheinander. Wenn das so weitergeht ...«

»Zeitplan! Genau!«, rief Linh. Sie sah Michael an. »Sag mal, wie war das? Solltet nicht ursprünglich jetzt ihr Zehnkämpfer mit dem Speer werfen?«

Michael nickte. »Ja, es wurde getauscht.« Dann begriff er. »Du meinst ...?«

Natürlich hatten die Schüler nicht wie die großen Profis alle ihren eigenen Speer, sondern Hartmut verwendete denselben Speer der Schule, den auch Michael benutzen musste.

Linh nickte. »Der Anschlag galt nicht Hartmut, sondern dir. Eine Verwechslung!«

»Mann!«, stöhnte Michael.

»Jemand meint uns – ganz gezielt. Uns fünf!«

»Was?«, wunderte sich Lennart. »Warum denn?«

»Ich weiß es nicht«, gab Linh zu. »Vielleicht will sich jemand rächen?«

»Rächen? An uns? Ich habe niemandem etwas getan. Ihr etwa?«

»Nein«, bestätigte Linh. Trotzdem hatte sie das Gefühl, der Lösung immer näher zu kommen. »Könnt ihr irgendwas Verdächtiges entdecken? Irgendeinen Helfer, der sich auffällig benimmt?« Sie ließ ihren Blick über den Rasen schweifen. »Ich bin sicher, er ist noch hier. Hier im Stadion. Mitten unter uns. Und vielleicht bereitet er sein nächstes Attentat vor.«

Auch Michael und Lennart schauten sich jetzt genau um. Michael kam plötzlich jeder verdächtig vor; Lennart nicht ein Einziger.

»Ich weiß nicht«, resignierte Lennart. »Wie soll man den erkennen?«

»Es ist keiner der Lehrer«, stellte Linh klar.

»Woher willst du das wissen?«

»Weil er sich als Niklas Buntschuh ausgegeben hat. Und der ist ein Junge. 13 Jahre alt. Also wird der Täter ähnlich alt sein.«

»Wie soll man den finden in einem Stadion mit 8000 Zuschauern, 100 Helfern, die überall im Sta-

dion verteilt sind, und ebenso vielen Athleten?«, fragte sich Lennart.

»Indem wir vorausahnen, was er als Nächstes tut«, glaubte Linh. »Unser nächster Wettkampf ist Michaels Kugelstoßen, oder?«

Michael nickte. »Mann, ich traue mich gar nicht mehr«, jammerte er. »Wer weiß, was mit meiner Kugel passiert?«

»Na ja«, schränkte Lennart ein. »Sie wird schon nicht explodieren.«

»Witzbold!«, pflaumte Michael ihn an. »Das ist überhaupt nicht lustig.«

Lennart machte eine entschuldigende Geste.

»Wenn wir unsere Wettkämpfe nicht bestreiten, werden wir nie herausbekommen, wer der Saboteur ist«, stellte Linh fest.

»Ich bin aber kein Versuchskaninchen für geistesgestörte Attentäter«, meckerte Michael.

Bedauerlicherweise lag in Linhs Feststellung auch eine Wahrheit, überlegte Lennart laut. Denn wenn es wirklich stimmte, dass der Attentäter es nur auf die Fünf Asse abgesehen hatte, dann konnten die Sabotageakte schnell beendet werden. Sie mussten nur alle fünf von ihren Wettkämpfen zurücktreten.

»Spinnst du?«, brauste Michael auf. »Ich will meinen Zehnkampf zu Ende bringen. Und zwar endlich mal vernünftig. Ohne Sabotage!«

»Aber für unsere Mini-Olympiade wäre es das Beste«, bekannte Lennart. Obwohl auch er nichts lieber tun wollte, als am nächsten Tag im 100-Meter-Lauf anzutreten.

»Ohne unsere Leistungen hat unsere Schule keine Chance, gegen die Grünheimer zu gewinnen«, fasste Linh die Lage noch mal zusammen.

»Also stecken vielleicht doch die Grünheimer dahinter«, mutmaßte Michael, der Tom nach wie vor alles zutraute.

»Nein«, widersprach Linh. »Dann hätte es auch andere unserer Athleten getroffen. Der Attentäter will, dass wir fünf verlieren und den Grünheimern dafür die Schuld geben. Und fast wäre sein Plan ja auch aufgegangen. Die Schuhe der Grünheimer haben sie übrigens zufällig in einem Müllcontainer wiedergefunden, hat Frau Kick herausbekommen.« Sie sah Michael an, der schnell schuldbewusst wegschaute. »Wenn der Direktor unseren Streit mit den Grünheimern nicht beendet hätte, wären entweder wir fünf von den Wettkämpfen ausgeschlos-

sen oder das ganze Sportfest wäre abgesagt worden. Und genau das will der Täter erreichen.«

»Na, dann muss er sich aber beeilen«, fand Lennart. »Der erste Tag ist ja fast vorbei.«

Linh nickte. »Genau das wird er sich auch denken. Und deshalb müssen wir ihm etwas anbieten, bei dem er zuschlägt – bei dem er gar nicht anders kann, als zuzuschlagen.«

»Und was wäre das?«, fragte Lennart.

»Dein 100-Meter-Lauf«, schlug Linh vor. »Die Königsdisziplin der Leichtathletik!«

»Moment mal!«, beschwerte sich Michael. »Die Königsdisziplin ist der Zehnkampf!«

»Quatsch!«, widersprach Lennart. »Da hat Linh schon ganz recht.«

»Überhaupt nicht!«, wehrte sich Michael aufgebracht.

Linh winkte genervt ab. »Ihr habt ja beide recht«, beschwichtigte sie. »Der Zehnkampf genießt die meiste Anerkennung und der Sprint die größte Aufmerksamkeit.«

Lennart und Michael schwiegen. Sie überlegten, ob sie damit einverstanden waren.

Linh wartete das Ergebnis nicht ab. »Wenn wir das Kugelstoßen der Zehnkämpfer auf morgen verschieben und den Sprint auf heute vorverlegen, dann wissen wir, dass der Täter heute zuschlagen wird. Vor allem aber: Es wird ihn überraschen und unter Zeitdruck setzen. Er wird Fehler machen. So wie er eben beim Speerwerfen schon einen Fehler gemacht hat.«

Lennart pfiff anerkennend durch die Zähne. »Mann Linh, du könntest glatt Kommissarin werden!«

»Beim Kampfsport sind Strategie und Taktik von entscheidender Bedeutung«, erklärte Linh nüchtern. Sie mochte keine Komplimente. Komplimente stellten einen einzelnen Menschen zu sehr ins Rampenlicht. Vielmehr kam es darauf an, den Direktor zu überzeugen, die Wettkämpfe umzuorganisieren, um dem Täter eine Falle zu stellen.

Ein Lockvogel

»Nein! Unmöglich! Kommt überhaupt nicht infrage! Was denkt ihr euch?« Die Reaktion des Direktors war für Michael keine Überraschung. Er und Lennart waren gar nicht erst mit ins Zimmer des Schulleiters gegangen.

Jabali und Ilka hatten dem Direktor von den Manipulationen beim Speerwerfen erzählt. Und mittlerweile lag auch das Ergebnis der ersten Untersuchung vor. Hartmuts Speer war nicht präpariert gewesen, sondern die Kreide, mit der die Speerwerfer sich vorher die Hände einrieben, um beim Abwerfen nicht abzurutschen. In das Kreidepulver hatte offenbar jemand eine Tüte Tapetenkleister geschüttet. Hartmut hatte seine schweißnassen Hände damit eingerieben. Der Kleister ging eine Verbindung mit dem Schweiß ein und begann zu kleben. Ein bisschen nur, kaum merklich, aber eben genug, um einen Wurf zu verreißen.

Der Direktor war geschockt, als er davon hörte,

und überlegte im ersten Moment tatsächlich, das Sportfest abzubrechen. Im Gegensatz zu Linh glaubte er nämlich nicht, dass nur ein Junge dahintersteckte, sondern mindestens junge Erwachsene, wenn nicht gar ausgekochte Gauner. Und er war sicher, dass sich die Attentate nicht nur auf die Fünf Asse bezogen. Er sah die gesamte Mini-Olympiade in Gefahr.

Linh entgegnete etwas.

Michael hatte sein Ohr an die Tür des Direktorzimmers gepresst, aber er verstand leider kein einziges Wort. Linh sprach einfach zu leise, und Jabali und Ilka, die zusammen mit Linh im Büro des Direktors saßen, sagten kaum etwas.

Lennart ging vor dem Büro nervös auf und ab. Er war ganz besonders gespannt, wie der Direktor entscheiden würde. Denn folgte Professor Stölzer Linhs Vorschlag, würde er in etwa einer Stunde laufen müssen. Darauf war er gar nicht vorbereitet. Zum Glück hatte er sein Sportzeug schon in der Schule, weil er damit bei der Eröffnung ins Stadion gelaufen war. Seine Mitkonkurrenten würden ja ebenso überrascht sein von der Vorverlegung des Laufes. Aber trotzdem: Lennart fühlte sich nicht wohl.

Endlich öffnete sich die Tür des Direktorzimmers. Jabali, Ilka und Linh kamen heraus. Direkt hinter ihnen ging Frau Kick.

»Und?«, fragten Michael und Lennart aufgeregt.

»Alles klar«, sagte Ilka.

Doch so klar schien es nicht zu sein.

»Moment«, korrigierte Frau Kick. »Damit wir uns einig sind: Es geht hier nicht darum, Detektiv zu spielen.«

»Sondern?«, hakte Lennart nach.

»Professor Stölzer hat mir die volle Verantwortung für die Aktion übertragen«, verkündete Frau Kick. »Wir ziehen den Sprint vor und die Sicherheitskräfte werden ein besonderes Augenmerk auf die Helfer, die Laufbahn und alles drum herum richten.«

»Und?«, fragte Michael. Das konnte ja noch nicht alles gewesen sein.

»Nichts und«, teilte die Lehrerin mit. »Das war's.«

»Und was ist mit uns?« Michael wunderte sich über Frau Kicks Antwort.

Frau Kick hob mahnend den Finger. »Lennart wird wie die anderen seinen 100-Meter-Lauf absolvieren. Und wir werden dafür sorgen, dass dies ohne Zwischenfälle abläuft. Das ist die ganze Geschichte. Schluss und aus.«

»Aber wir . . .«, wollte Lennart gerade einwenden.

»Nichts aber . . .«, stellte Frau Kick klar. »Ihr anderen werdet brav zusehen und Lennart anfeuern. Mehr nicht. Haben wir uns verstanden?«

Die Kinder machten bedrückte Gesichter. Die Mundwinkel rutschten vor Enttäuschung herunter. Waren nicht sie es gewesen, die dem Täter überhaupt so weit auf die Spur gekommen waren? Ohne sie würden die Sabotageakte vermutlich weitergehen und immer schlimmer werden, bis letztlich doch etwas passieren würde. Und jetzt sollten sie einfach ausgebootet werden?

Frau Kick verabschiedete sich, denn es gab eine Menge zu tun, um einen so wichtigen Wettkampf wie den 100-Meter-Lauf vorzuverlegen.

Die Kinder blieben stehen und sahen Frau Kick hinterher. Michael wartete, bis sie außer Sichtweite war. Dann trat er wütend gegen die Wand.

»Was denken die eigentlich?«, schimpfte er.

»Das versauen die doch«, glaubte Lennart. »Die Sicherheitskräfte haben ja nicht mal bemerkt, dass sich da jemand unter falschem Namen eingeschlichen hat. Und jetzt sollen sie den fassen?«

»Ich finde es eigentlich ganz gut, dass wir uns wieder auf unseren Sport konzentrieren können«, fand Jabali. Aber sofort erntete er Widerspruch von den anderen.

»Auf unseren Sport konzentrieren? Eine Heftzwecke im Fuß reicht dir wohl nicht?«, fuhr Michael ihn wütend an. »Ich hätte mich gern auf meinen Sport konzentriert, wenn ich nicht alle fünf Minuten auf dem Klo gesessen hätte, weil mir jemand eine vergiftete Apfelschorle hingestellt hat!«

»Ist ja schon gut«, versuchte Jabali, ihn zu beruhigen.

»Aber wir sollten überlegen, was der Täter planen könnte, um den Sprint zu sabotieren«, schlug Linh vor. »Lennart, was ist das Schlimmste, das dir beim Sprint passieren kann?«

Lennart musste nicht lange überlegen. Das Schlimmste wäre natürlich, hinzufallen oder auch nur zu stolpern. Da das aber so gut wie nie vorkam, antwortete er: »Den zweiten Fehlstart zu machen. Denn beim zweiten Fehlstart wird man disqualifiziert. Egal wer den ersten verursacht hat.«

Eine einfache Art, Lennart aus dem Wettkampf zu katapultieren, stellte Ilka fest.

»Wie soll man das denn machen?«, fragte Michael in die Runde. »Da müsste man ja den Starter bestechen.«

Lennart hatte auch keine Idee. Selbst wenn jemand mit einer Schreckschusspistole zusätzlich zum Starter einen Schuss abgeben würde, dann würden ja alle Läufer den falschen Schuss hören und nicht nur Lennart. Und …

»O Mann! Ich hab's!«, rief er plötzlich. »Ich weiß, wie der mich reinlegen will!« Lennart rückte mit seiner Idee nicht heraus. Er wollte es den anderen lieber direkt vor Ort zeigen.

So liefen sie hinüber ins Stadion, wo Lennart sich ohnehin einfinden musste. So viel Zeit bis zum Start blieb nicht mehr.

Als sie in das Stadion kamen, hörten sie gerade die Durchsage, dass der 100-Meter-Lauf vorverlegt worden war. Ein Raunen ging durchs Stadion. Die Anwesenden freuten sich natürlich. Die Frage war eher, was jene Zuschauer dazu sagen würden, die am nächsten Tag kommen und den Sprint sehen wollten. Doch darüber dachten Lennart und die anderen im Moment nicht nach.

»Vielleicht sind wir schon zu spät«, befürchtete Lennart, als sie an der Sprintstrecke ankamen. Er zeigte auf die Helfer, von denen einige einen kleinen Kasten unter dem Arm trugen.

Michael wusste, was das war: »Die Startlautsprecher!«

Lennart nickte.

Die Mini-Olympiade war für die Schule immer ein ganz besonderes Ereignis. Folglich bemühte man sich nicht nur, dass alles reibungslos ablief, sondern auch, dass das Sportfest gut ausgestattet war. Es gab eine elektronische Zeitmessung mit entsprechender Anzeigetafel. Auch die Distanzen im Weitsprung und bei den Wurfdisziplinen wurden elektronisch gemessen. Die Schule war stolz auf die Ausstattung, bedauerte aber, dass sie alles nach der Mini-Olympiade wieder zurückgeben musste.

Zu dieser besonderen Ausstattung gehörte jedenfalls auch die elektronische Startvorrichtung. Der Starter gab den Läufern nicht einfach wie im täglichen Unterricht mit einer Schreckschusspistole ein Signal, sondern mit einer elektronischen Starterpistole, die den Startschuss nicht nur auf die Stadionlautsprecher, sondern auch auf acht kleine Lautsprecher übertrug, von denen jeder Läufer einen hinter seinem Startblock stehen hatte.

Michael wusste nur nicht, was diese Lautsprecher mit dem Täter zu tun haben sollten. Auch er war mit diesem System gestartet und hatte keine Probleme damit gehabt.

»Dann weißt du auch, dass der Läufer losrennt, wenn aus seinem Lautsprecher der Startschuss fällt«, erläuterte Lennart.

Natürlich wusste Michael das. Dafür waren die Lautsprecher ja gedacht.

»Der Täter muss also nur dafür sorgen, dass der Startschuss in meinem Lautsprecher eine Millisekunde eher ankommt als bei den anderen und schon mache ich einen Fehlstart. Ganz einfach.«

»Ganz einfach?«, fragte Ilka. »Was soll denn daran einfach sein? Wie soll der Täter das denn machen, dass der Schuss bei dir eher kommt als bei den anderen?«

Lennart zuckte mit den Schultern. »Das weiß ich auch nicht!«

Die anderen stöhnten auf.

»Na, das war ja eine tolle Idee«, meckerte Jabali. »Dafür die ganze Aufregung!«

Lennart war enttäuscht über die Reaktion der anderen. Er fand es wirklich eine gute Idee und war eigentlich noch immer überzeugt, dass der Täter es genau so machen würde. Wenngleich er wirklich keinen Schimmer hatte, wie man so etwas technisch bewerkstelligen sollte. Aber vielleicht war der Täter ja ein technisches Genie oder so.

»Seine bisherigen Taten waren nicht gerade genial«, bemerkte Linh. »Er hat einen Badeanzug gestohlen, Kleister ins Kreidefass geschüttet, Heftzwecken verstreut und Seife auf das Absprungbrett geschmiert. Für mich sind das eher Kleine-Jungen-Streiche. Allerdings sehr gefährliche. Aber mit einem Genie haben wir es bestimmt nicht zu tun.«

Jabali stimmte ihr vorbehaltlos zu.

»Aber noch immer ist er unentdeckt. Ganz so dämlich kann er also auch wieder nicht sein«, warf Ilka ein.

»Trotzdem kann er nicht die Startautomatik und zusätzlich die Fehlstartkontrolle manipulieren«, war auch Michael sich sicher. »Der muss etwas anderes vorhaben.«

Die Helfer bauten die Lautsprecher auf und anschließend konnten die fünf sogar zusehen, wie die Startautomatik kontrolliert wurde. Der Starter schoss auf der Ziellinie mit dem Startrevolver. Die Zielkamera nahm den Pulverrauch auf. Danach überprüften die Wettkampfleiter auf dem aufgezeichneten Film, ob der Start der Zeitmessung und der Rauch synchron waren.

Lennart beobachtete das und konnte sich nun auch nicht mehr vorstellen, wie das manipuliert werden sollte. Umso weniger, nachdem der Lauf ja vorverlegt worden war. Dem Täter blieb überhaupt keine Zeit, etwas zu verändern – zumindest nichts an der Technik.

Auch sonst bemerkten die fünf nichts Verdächtiges.

»Es gibt nur eins«, schlug Linh den anderen vor. »Wir machen, was Frau Kick gesagt hat.«

»Wir sollen uns heraushalten?«, fragte Michael empört.

Linh schüttelte den Kopf. »Nein, Lennart startet und wir halten die Augen auf.«

Niemand fand den Vorschlag besonders toll, aber es fiel ihnen auch nichts Besseres ein.

»Vor allem müssen wir hier fort, sonst ist der Täter gewarnt«, sagte Linh.

»Okay.« Lennart zog seinen Trainingsanzug aus, um mit dem Warmlaufen zu beginnen.

Die anderen gingen Richtung Tribüne, um sich von dort aus unauffällig rund um die Laufbahn zu verteilen. Jeder hatte sein Handy geholt und hielt es in der Hand bereit. Wer etwas Verdächtiges sah, sollte die anderen blitzschnell per Rund-SMS informieren.

Lennart lief am Rand der Tartanbahn auf und ab. Er war nervös. Es passte ihm nicht, so unvorbereitet den Wettkampf antreten zu müssen. Er machte Aufwärm- und Dehnübungen und versuchte, sich zu konzentrieren. Es funktionierte nicht. Die ganze Zeit hatte er das Gefühl, dass ihn jemand beobachtete. Er richtete sich auf und schaute übers Stadiongelände. Alle Helfer wirkten beschäftigt, die Athleten konzentrierten sich auf ihre Vorbereitungen, die Zuschauer verfolgten die Wettkämpfe. Niemand schien auf ihn zu achten. Und doch wusste Lennart, einer von ihnen, irgendwo, hatte ihn im Visier und bereitete einen Sabotagakt auf ihn vor.

Lennart ließ seinen Blick durchs Stadionrund schweifen, auf der Suche nach seinen Freunden. Linh hockte nicht weit von den Startblöcken entfernt auf dem Seitenstreifen und behielt den Starter im Auge. Ilka saß im Abwurfkreis, in dem eigentlich jetzt die Zehnkämpfer mit Kugelstoßen dran gewesen wären, wenn man den Ablaufplan nicht geänddert hätte. Jabali . . . wo war Jabali?

Lennart suchte die Zuschauerränge nach ihm ab.

Und entdeckte ihn dort sogar. Lennart schüttelte fassungslos den Kopf. Jabali war einem mobilen Eisverkäufer hinterhergerannt und kaufte sich ein Eis am Stiel.

Michael hielt sich in der Nähe des Grünheimer Blocks auf und ließ Tom nicht aus den Augen. Noch immer hielt er es nicht für ausgeschlossen, dass doch die Grünheimer hinter allem steckten.

Lennart beugte sich mit gestreckten Beinen wieder hinunter und berührte mit den Handflächen den Boden, um so seine Sehnen zu dehnen.

Und dann ... Lennart verharrte in dieser Stellung. Moment mal?, stutzte er. Wie eine Stahlfeder schnellte er hoch. Sein Blick flog hinauf zu Jabali, der gerade sein Eis auswickelte.

Der Eisverkäufer ging weiter die Stufen der Tribüne hinauf. Viele Leute winkten ihm zu. Sie wollten sich auch ein Eis kaufen, aber der Eisverkäufer reagierte nicht.

Lennart erinnerte sich an eine der letzten Vollversammlungen vor der Mini-Olympiade, wo es um die Details der Vorbereitungen ging. Unter anderem wurde die komplette Verpflegung des Sportfestes vorgestellt und die Helfer eingeteilt.

Es gab keine mobilen Eisverkäufer! Lennart

wusste es genau. Jabali hatte sich noch darüber aufgeregt und sich sogar melden und darüber beschweren wollen. Linh hatte ihn zurückgehalten und gesagt, es gebe Wichtigeres. Und außerdem befand sich ja vor dem Stadion ein großer Eisstand, an dem italienisches Kugeleis verkauft wurde, was ohnehin viel besser schmeckte.

Aber hier lief plötzlich ein mobiler Eisverkäufer durch die Ränge. Das heißt, dieser Verkäufer ging gar nicht wirklich durch die Ränge. Er ignorierte die Kunden, die wild gestikulierend nach ihm winkten und ihn riefen. Was war denn das für ein Verkäufer? Nur Jabali hatte er ein Eis verkauft.

Das – langsam begriff Lennart – das war überhaupt kein Eisverkäufer! Das musste der Täter sein! Aber wieso getarnt als Eisverkäufer? Und wieso Jabali? Weshalb machte er sich nicht an dem Start des Sprints zu schaffen? Egal!, entschied Lennart. Verdammt, wenn das der Täter war, dann war Jabali in Gefahr! Unwillkürlich griff Lennart zu seiner Gesäßtasche, um sein Handy hervorzuholen und Jabali zu warnen. Aber er griff ins Leere. Er trug ja nur seine Laufhose und in der steckte natürlich kein Handy.

»Verflucht!«, schimpfte Lennart. Er bildete mit

den Händen einen Trichter um den Mund und rief nach Jabali, so laut er konnte. Aber natürlich hatte er keine Chance, gegen die Geräuschkulisse von 8000 Menschen anzukommen.

Jabali hielt in der einen Hand sein Eis, in der anderen das Papier. Er suchte nach einem Mülleimer.

Der Eisverkäufer war immer noch zu sehen. Aber wie lange noch? Er würde ihnen durch die Lappen gehen. Verflixt!

Lennarts Blick huschte hinüber zu Michael. Auch ihm konnte Lennart nichts zurufen. Die Grünheimer machten mit ihren Schlachtrufen, mit denen sie ihren Sprinter schon lauthals anfeuerten, einen zu großen Lärm. Ilka saß zu weit weg. Blieb nur Linh.

Lennart spurtete zu ihr hin und berichtete aufgeregt, was er beobachtet hatte.

Linh schaute sofort hinauf zur Tribüne, doch der Eisverkäufer war verschwunden.

Lennart fluchte erneut. Er hatte es ja geahnt!

Linh rief Jabali per Handy an. Aber sie sah, dass er nicht reagierte.

»Was macht denn der?« Lennart raufte sich verzweifelt die Haare.

»Er hat sein Handy hinten in die Tasche gesteckt. Da hört er es nicht«, stellte Linh fest.

»Er sollte es doch in der Hand halten«, brüllte Lennart aufgebracht.

Aber Jabali hatte keine Hand mehr frei. Denn in der einen hielt er das Eis, in der anderen das Papier.

»O Mann!«, schimpfte Lennart. »Dieser Jabali und seine verdammte Eisesserei!«

»Ohne seine Leidenschaft für Eis hättest du den Täter nicht entdeckt«, korrigierte Linh.

Aber das wollte Lennart jetzt nicht hören.

Linh schickte eine SMS an die anderen. »Bereite du dich auf deinen Lauf vor«, sagte sie Lennart. »Ich gehe zu Jabali.«

Lennart sah ihr nach. Und beobachtete, wie Michael und Ilka ihre SMS erhielten, sie lasen, zur Tribüne hinaufsahen und sofort losrannten. Wenn sie Glück hatten und schnell waren, konnten sie den Eisverkäufer vielleicht doch noch schnappen.

Die Falle schnappt zu

Lennart musste an den Start. Er schloss die Augen und versuchte, sich zu konzentrieren. Seine Gedanken schweiften immer wieder ab zu dem unbekannten Attentäter, für den er den Lockvogel spielte. Die anderen Läufer ahnten nichts. Sie hatten sich kurz über die Verlegung des Laufs gewundert, mehr nicht. Sie konnten sich voll und ganz auf ihren Lauf konzentrieren. Lennart wusste, der Attentäter hatte es auf ihn abgesehen. Aber er wusste nicht, wann und wie. Wie sollte Lennart da unbeschwert laufen und volles Tempo geben können?

Lennart öffnete seine Augen wieder und schaute sich noch einmal um. Was könnte der Attentäter geplant haben? Ihm fiel nichts ein. Er konnte nichts Verdächtiges sehen. Aber irgendwas hatte er vorbereitet. Er und seine Freunde waren sich da völlig sicher. Lennart wusste einfach nicht, wie er unter diesen Bedingungen laufen sollte. Noch einmal schloss er kurz die Augen. Ich muss alles ausblenden, befahl er sich. Nur der Lauf zählt, nur mein Lauf.

Es ging nicht. Er schlug die Augen auf und sah, wie die anderen Läufer sich an ihren Startblöcken bereit machten.

Lennart stellte sich vor seinen Block, schüttelte die Beine aus, legte seinen linken Fuß an die hintere Fußablage des Startblocks, beugte sich hinunter, legte die Hände hinter die Startlinie und setzte den rechten Fuß gegen die vordere Fußablage, von der er sich abstoßen und hervorschnellen musste.

»Auf die Plätze«, tönte es aus dem kleinen Lautsprecher hinter ihm.

Sein Lautsprecher funktionierte. Und der Startschuss? Konnte er sich darauf verlassen? Vielleicht war es umgekehrt: Er sollte keinen Fehlstart produzieren, sondern den Startschuss viel zu spät hören und Letzter werden? So wie Ilka, Michael und Jabali, die sich nur durch äußerste Willensanstrengungen nicht total blamiert hatten.

Die Läufer gingen in Startposition.

Im Stadion wurde es ruhig.

»Fertig!«

Die Läufer hoben ihre Hinterteile.

Lennart schaffte es, sich jetzt voll und ganz zu konzentrieren. Er wollte den Startschuss nicht verpassen, keinen Fehlstart verursachen, selbst wenn sein Lautsprecher nicht funktionierte. Lennart spitzte die Ohren wie ein Luchs. Vor Anspannung zuckte kurz sein linkes Bein, drückte gegen den Startblock. Er war bereit. Doch in dem Moment rutschte die Fußstütze des Startblocks nach hinten weg und mit ihr Lennarts linkes Bein, wodurch er das Gleichgewicht verlor. Er fiel vornüber, stützte sich mit den Händen ab, aber vor der Startlinie. Genau in dem Moment ertönte der Startschuss.

Die Läufer schnellten aus ihren Startblöcken.

Dann sofort noch zwei Schüsse.

Fehlstart! Verursacht durch Lennart!

»Scheiße!«, fluchte er. Er stand auf, sah auf seinen Startblock, schüttelte den Kopf und stützte die Hände in die Hüften. Kein Zweifel: Sein Startblock war manipuliert worden. Der Täter hatte die Schrauben nur ein bisschen gelöst, sodass die Fußstütze zwar noch den leichten Druck des Fußes ausgehalten hatte, aber nicht mehr den stärkeren, den er beim Start darauf ausübte.

Von der Tribüne ertönte vereinzelt Gelächter, weil Lennarts Sturz vornüber ziemlich komisch ausgesehen hatte. Am lautesten lachten natürlich wieder die Grünheimer.

Ilka drängte sich durch die Zuschauer nach vorne zu Linh durch. Von der anderen Seite kam Michael dazu.

»Mann!«, stöhnte er. »Jetzt ist uns der Täter doch entwischt!«

»Der Eisverkäufer!«, mutmaßte Linh. »Er war nur da, um uns abzulenken!«

Sie öffnete die Eisbox, die Michael mitgebracht hatte. Er hatte sie auf der Treppe zum Notausgang auf der Tribüne gefunden. In der Box lagen nur noch zwei Eis – und die Jacke des Verkäufers.

»Während wir den Eisverkäufer entdeckt haben und ihm nachgelaufen sind, hat der Täter sich an Lennarts Startblock zu schaffen gemacht. Niemand von uns hat mehr auf den Start geachtet. Der Eisverkäufer war ein Komplize oder hat einfach ein bisschen Geld bekommen, um uns abzulenken.«

»Aber die anderen Läufer müssen ihn doch gesehen haben«, wandte Ilka ein.

Linh zuckte mit den Schultern. »Für die war er ein Helfer von vielen. Außerdem können wir sie jetzt nicht mehr fragen. Schau!«

Lennart hatte einem der Kampfrichter noch gezeigt, was passiert war. Aber der konnte das nicht als Entschuldigung akzeptieren. Für die Einstellung seiner Startblöcke war jeder Sportler selbst verantwortlich. Lennart hatte den Fehlstart verursacht. Er war verwarnt. Bei der nächsten Verfehlung würde er vom Wettkampf ausgeschlossen.

Jetzt bereiteten sich die Läufer auf den erneuten Start vor. Niemand konnte die Läufer nun noch befragen, wie der Täter aussah.

»Aber ich habe zumindest den Komplizen gesehen«, sagte Jabali. »Ich habe doch ein Eis bei ihm gekauft!«

»Ha!«, bemerkte Ilka. »Dann such mal schön!« Sie zeigte ihm das voll besetzte Rund des Stadions. Jabali folgte ihrer Armbewegung mit verzweifeltem Blick. Er wusste auch nicht, wie er den Eisverkäufer, den er nur kurz gesehen hatte, jetzt finden und vor allem wiedererkennen sollte.

»Wenn uns nicht gleich etwas einfällt, ist alles zu spät«, jammerte Michael.

Die Läufer begaben sich wieder auf ihre Plätze. »Der Täter wird dafür gesorgt haben, dass Lennart zweimal in die Falle tappt. Und dann ist es auch für ihn aus.«

Genau das dachte Lennart im selben Moment.

Ich werde verlieren, glaubte er. Selbst wenn der Täter für den zweiten Start nichts vorbereitet hatte, war Lennart chancenlos; allein dadurch, dass er glaubte, es könne etwas passieren. Bei einem Sprint kam es auf jede Hundertstelsekunde an. Jedes kleine Zögern, jede kleine Unsicherheit, nur einen Wimpernschlag zu spät aus den Startblöcken kommen genügte schon, dass die Konkurrenz uneinholbar abzog.

Allein der Glaube zu verlieren machte einen Sieg unmöglich.

Vielleicht war es das, was der Täter wollte, überlegte Lennart. Dann wäre die Niederlage perfekt, weil Lennart hinterher nicht mal mehr eine Ausrede hätte, weshalb er verloren hatte. Niemand würde nach der seelischen Belastung fragen, die Lennart kurz vor dem Start auszustehen hatte, niemand nach seiner Angst, dass der Täter erneut zuschlagen könnte. Alle würden einfach nur behaupten, er sei schlecht gelaufen. Lennart begriff, dass es sich genau so verhielt. Er musste nur die Angst vor dem Täter abschütteln und sich auf die eigene Kraft konzentrieren. Nur! Leichter gesagt als getan. Lennart erhob sich, schüttelte die Beine aus.

Wieder ein Raunen im Publikum.

Die anderen Läufer erhoben sich ebenfalls, waren genervt von Lennart. Aber der Starter hatte noch nicht das Kommando »Auf die Plätze!« gegeben und so konnte Lennart die Startvorbereitung noch einmal ein wenig verzögern, ohne sich eine zweite Ermahnung und damit den Ausschluss vom Wettkampf einzuhandeln.

Die anderen Läufer sprangen nervös auf und ab. Dass ein Läufer sich noch mal die Zeit nahm, sich besser konzentrieren zu können, war nicht unüblich nach einem Fehlstart. Der pure Nervenkrieg. Oft nutzten Läufer diese Möglichkeit sogar einfach nur als psychologisches Mittel gegen ihre Gegner. Es gewann der Nervenstärkste.

Michael, Linh, Ilka und Jabali, die sich jetzt wieder dicht am Rand der Laufbahn versammelt hatten, wussten das und erkannten sofort Lennarts Strategie.

»Er stellt sich dem Kampf«, flüsterte Jabali. Und das bedeutete: Lennart fühlte sich dem Wettkampf gewachsen.

Michael ballte die Faust.

»Richtig so, Lennart!«, rief er.

»Bitte Ruhe!«, schallte es sofort aus dem Lautsprecher.

»Auf die Plätze«, kam die erneute Aufforderung. Jetzt gab es kein Zurück mehr.

Linh und die anderen suchten mit Adleraugen von ihrer Position aus noch mal jeden Zentimeter der Laufbahn ab. Gab es irgendetwas Verdächtiges? Hatte der Täter auch für den zweiten Start etwas im Schilde geführt? Sie konnten nichts entdecken.

»Fertig!«

Die Läufer erhoben sich halb, bereit, loszusprinten. Nur wenige Sekunden noch.

Im Stadion wurde es totenstill.

Eine kurze Windböe wehte durchs Stadion. Ein kleiner silberner Fetzen eines Kaugummipapiers trudelte quer über die Bahn und blieb schließlich an einem Grashalm hängen.

Und plötzlich entdeckte Jabali etwas! Direkt unter Lennart. Lag da nicht etwas?

Lennart senkte den Kopf, um sich auf den Startschuss zu konzentrieren, da sah er es auch. Unter ihm lag ein Stück abgerissener Schnürsenkel!

Da zerriss der Startschuss die Stille im Stadion.

Die Läufer schossen aus ihren Startblöcken heraus.

Die Zuschauer jubelten, grölten, feuerten die Läufer an.

Lennart lag an zweiter Position.

»Ein Superstart!«, freute sich Linh.

»Sein Schnürsenkel ist gerissen!«, rief Jabali. »Da!« Er zeigte auf das kleine zerfetzte Stückchen, das genau an der Stelle lag, an der Lennart eben noch in Startposition gestanden hatte.

Jetzt gab Lennart alles. Er sah den Konkurrenten der Grünheimer nur einen Hauch vor sich.

Den hole ich mir!, hallte es in seinem Kopf. Immer wieder nur: Den hole ich mir! Da kam schon die Ziellinie. Den hole ich mir!

»Durch!«, brüllte Michael.

»Er hat's geschafft!«, war auch Ilka sich sicher.

»Ich weiß nicht recht«, zögerte Jabali.

Das Finish war denkbar knapp. Da die vier am Start standen, war es für sie unmöglich zu erkennen, wer tatsächlich als Erster durchs Ziel gegangen war.

Die Anzeigetafel aber vermeldete es bereits.

Linh brach in Jubel aus: »Lennart hat gewonnen!«

Jetzt hatte es auch Lennart gesehen. Jubelnd sprang er wie ein Flummi über die Laufbahn zurück zu seinen Freunden.

Linh rannte ihm entgegen, sprang ihm in die Arme und drückte ihn herzlich. Gemeinsam tanzten sie regelrecht über die Laufbahn.

»Geschafft!«, rief Linh. »Geschafft!«

»Ja«, freute sich auch Michael. Seine Freude allerdings klang deutlich gedämpfter. »Aber den Täter haben wir noch immer nicht.«

Doch plötzlich schrie Jabali auf. »Da ist er!«

»Was? Wer?«, fragte Ilka verwundert.

Auch Lennart und Linh schauten verstört zu Jabali, der an Lennarts Startblock stand, ihnen zuwinkte und hinüber auf die anderes Seite des Rasens zeigte. »Da! Da ist er!«

Michael sah, wie ein Junge in einem Kapuzenshirt einem anderen etwas in die Hand gab.

Jabali schrie: »Der rechte Typ ist der Eisverkäufer!« Und damit war klar: Der linke war vermutlich der Täter.

Als wäre der Start des 100-Meter-Laufs soeben wiederholt worden, sausten alle fünf los. Sogar Lennart, der ja gerade seinen Wettkampf hinter sich gebracht hatte, rannte mit. Sehr zur allgemeinen Verwunderung der Zuschauer, die noch nie einen Sieger gesehen hatten, der unmittelbar nach seinem Erfolg auf und davon lief.

Michael spurtete los wie noch nie in einem 100-Meter-Lauf. Diesmal wollte er den Täter nicht verpassen, diesmal nicht.

So schnell konnte der Täter gar nicht gucken. Noch ehe er richtig begriff, dass die Fünf Asse hinter ihm herjagten, hatten Jabali und Lennart ihn schon gepackt und ihm die Kapuze vom Kopf gerissen.

Auch Lennart und die Mädchen waren nun zur Stelle. Lennart erkannte den Täter sofort: »Uwe!« Bei Michael und den anderen dauerte es einen Augenblick, allerdings kannten sie ihn auch nicht so gut.

»Uwe Öhlmann!«, rief Lennart und konnte es immer noch nicht fassen. Sogleich fiel ihm die alte Geschichte wieder ein.

Vor einigen Monaten war Uwe noch in ihre Schule gegangen. Er war ein hervorragender Sprinter, noch besser als Lennart. Die Lehrer hatten Uwe als eines der größten Sporttalente bezeichnet, das sie seit Langem gesehen hatten. Und so sah Uwe selbst es auch. Für ihn war es keine Frage, eines Tages in die USA zu gehen und ein großer Leichtathletikstar zu werden. Bis Lennart eines Tages gesehen hatte, worauf Uwes herausragende Leistungen beruhten. Schon als Jugendlicher scheute er sich nicht, alle erdenklichen Pillen zu schlucken, um seine Leistungsfähigkeit zu steigern. Im Kinder- und Jugendbereich gab es schließlich keine Dopingkontrollen, da galten nicht mal so richtig Dopinggesetze, hatte sich Uwe verteidigt, als Lennart ihn darauf angesprochen hatte.

Doch Lennart hatte die Sache nicht auf sich beruhen lassen und es dem Direktor gemeldet. Uwe war von der Schule gewiesen worden und, was für Uwe noch schlimmer war, seine Eltern hatten ihm aus Angst um seine Gesundheit alle weiteren Aktivitäten im Leistungssport untersagt.

Genau das war der Grund, weshalb Uwe an seine alte Schule zurückgekehrt war. Er wollte Rache nehmen an Lennart und dessen besten Freunden, wollte ihnen den Erfolg ebenso vermiesen, wie Lennart ihm seine Zukunft verbaut hatte.

»Du hast mir alles genommen, du miese Ratte!«, schimpfte Uwe.

»Du hast dir durch deine Betrügereien selbst alles genommen«, entgegnete Lennart.

Gemeinsam mit den anderen vieren führte Lennart ihn zu den Ordnern.

Den Eisverkäufer ließen sie laufen, weil sich schnell herausstellte, dass er tatsächlich nur ein Mal mit dem Eisbehälter die Treppe rauf und runter gegangen und dann weggelaufen war, um sich zehn Euro zu verdienen.

Ilka und Linh informierten Frau Kick, die den Rest mit dem Direktor regeln würde.

Kurze Zeit später saßen die fünf zusammen mit Tom und einigen anderen Grünheimern in der großen Aula.

Es war vor allem Michael, aber auch den anderen nicht gerade leichtgefallen, sich mit den Grünheimern zusammenzusetzen. Aber Linh hatte darauf bestanden.

»Wir haben sie beschuldigt, also müssen wir uns auch wieder bei ihnen entschuldigen«, hatte sie gesagt.

Erheblich sportlicher, als Michael es vermutet und befürchtet hatte, nahmen Tom und die anderen Grünheimer die Entschuldigung an.

»Uwe hatte es ja darauf angelegt, uns verdächtig zu machen. Ich wäre bestimmt genauso sauer auf euch gewesen wie ihr auf uns«, erklärte Tom, machte eine kleine Pause und fügte an: »Und zugegeben, so ganz fein haben wir uns ja auch nicht benommen, als wir über eure Misserfolge gelacht haben.«

Michael nickte eifrig. »Jedenfalls wurden wir sabotiert und dadurch führt ihr jetzt«, konnte er sich nicht verkneifen.

»Wir hätten auch so immer gewonnen«, entgegnete Tom.

Linh ging sofort dazwischen. »Jetzt fangt nicht schon wieder an!«

Michael und Tom schwiegen.

Um von dem neu aufkeimenden Streit abzulenken, fragte Jabali Lennart: »Jetzt musst du mir nur noch erklären, wieso du mit zerrissenem Schnürsenkel trotzdem Erster geworden bist.«

Lennart zog seine Spikes aus dem Rucksack, öffnete den Reißverschluss, der die Schnürung abdeckte, und zeigte sie Jabali: »Siehst du da einen abgerissenen Schnürsenkel?«

»Hä?«, sagte Jabali, als ob er Tom wäre. »Aber ich habe doch einen zerrissenen Schnürsenkel vor deinem Startblock gesehen!«

Lennart nickte. »Den hat Uwe dort platziert. An meine Schuhe war er nicht herangekommen. So hat er einfach einen dort hingelegt, um mich nervös zu machen. Das hätte auch genügt, um den Start zu verpatzen – wenn ich nicht zufällig neue Spikes gehabt hätte. Mit blauen Schnürsenkeln. Und keinen weißen, wie Uwe einen verwendet hat. Ich wusste, ich muss mir keine Sorgen machen!«

»Es lebe die Modefarbe!«, lachte Jabali.

»Wenn man nicht barfuß läuft«, stimmte Lennart ein. »Dann sind die Füße immer schwarz!«

Die anderen lachten fröhlich mit, ebenso die Grünheimer, bis Ilka wieder ein wenig ernster wurde: »Morgen können wir wieder in Ruhe unseren Sport machen.«

Linh nickte und schaute zu Tom: »Und noch können wir euch einholen.«

»Niemals!«, widersprach Tom.

»Jede Wette!«, behauptete Michael.

»Gilt!«, schlug Tom ein.

Fallrückzieher

Überraschende Einladung

Michael nahm ganz genau Maß. In voller Konzentration flutschte seine Zungenspitze unbemerkt aus dem Mund hervor und tänzelte über seine Unterlippe. Der nächste Schuss sollte sitzen. Unbedingt. Mit nur einem Schritt Anlauf peilte er das untere Loch in der Torwand an, stieß den Ball diesmal mit der Fußspitze, in der Hoffnung, er würde zielgenau unten rechts durch die Öffnung kullern. Stattdessen segelte der Ball weit rechts außen an der Torwand vorbei.

Lennart kicherte. »Wieder nicht mal die Torwand getroffen. Immer noch 3:0 für mich.«

Lennart hatte seine drei Schüsse unten zielgenau versenkt, während Michael jetzt das dritte Mal danebengehauen hatte.

»Das war Pech!«, behauptete Michael. Und erntete erneutes Gelächter von Lennart.

»Ja,« lästerte der. »Pech, dass du nicht Fußball spielen kannst.«

Die beiden vertrieben sich

die Zeit auf dem Schulhof mit einem Spiel auf die Torwand, während sie auf Ilka und Linh warteten, die sich am Schwarzen Brett noch einige Trainingstermine abschreiben wollten. Danach ging es schnurstracks ins Schwimmbad. Es war der erste heiße Tag im Frühling. Und ein so strahlend blauer Himmel, dass sich sogar Frau Kick hatte erweichen lassen, die Kinder früher nach Hause zu schicken. Allerdings hatte Frau Kick diese Entscheidung nicht ganz uneigennützig getroffen. Denn auch sie fieberte darauf, bei diesem herrlichen Wetter für ihren Triathlon endlich mal nicht im Schwimmbad, sondern draußen im See zu trainieren.

Jabali war schnell nach Haus gelaufen, weil er als Einziger trotz des herrlichen Wetters nicht vorausgeahnt hatte, dass sie nach der Schule gemeinsam schwimmen gehen würden. So hatte er auch als Einziger kein Schwimmzeug dabei. Kurz hatte er überlegt, ob er überhaupt mitgehen oder lieber einen langen Lauf absolvieren sollte. Aber dann hatte er sich doch breitschlagen lassen.

Lennart traf gerade mit dem ersten von drei Schüssen oben links das Loch, als die Mädchen ankamen.

Michael klemmte sich den Ball unter den Arm.

»Glück gehabt«, prahlte er. »Oben hätte ich alle drei versenkt.«

»Klar«, nickte Lennart ihm schmunzelnd zu. »Dann hätte ich aber immer noch 4:3 gewonnen. Du schuldest mir ein Eis.«

Michael winkte ab. Er wusste, dass Lennart ohnehin lieber eins von Jabalis selbst gemachtem Eis statt eines gekauften essen würde. So kam Michael um die Einlösung seiner Wettschulden elegant herum.

Die vier schwangen sich auf ihre Räder und sausten durch die Stadt zum Freibad. Am Fußballplatz mussten sie abbiegen.

»Mann!«, stöhnte Michael. »Wie kann man bei dem Wetter Fußball spielen, statt schwimmen zu gehen?«

Die Mädchen sahen sich kurz an und schüttelten lachend die Köpfe. Als ob Michael es nicht selbst wusste. Schließlich fand er auch nichts dabei, bei jedem Wetter Sprints, lange Läufe und Kraft zu trainieren. Er war ein begeisterter Zehnkämpfer. Da blieb so gut wie kein Tag ohne Training. Selbst an diesem Tag würde er nach dem Badespaß im Schwimmbad noch eine Krafteinheit einlegen. Nicht nur deshalb fieber-

 te Michael darauf, so schnell wie möglich ins Wasser zu kommen.

Aber vor dem Schwimmbad mussten sie erst noch auf Jabali warten.

Michael murrte deshalb schon, noch während sie ihre Räder anschlossen.

»Oh Mann!«, meckerte er. »Nur weil Jabali bestimmt wieder läuft, statt das Rad zu nehmen, müssen wir uns hier die Beine in den Bauch stehen.«

Jabali nutzte wirklich stets jede Strecke als Lauftraining. Aufs Rad stieg er nur, wenn er speziell für Radrennen trainierte. Umso ungewöhnlicher war es, als Ilka ihn auf der gegenüberliegenden Straßenseite aus dem Bus aussteigen sah.

»Was ist denn mit dem los?«, wunderte sie sich. »Hat er sich etwa verletzt?«

Auch Linh und die beiden Jungs schauten besorgt hinüber zu Jabali. Wenn Jabali den Bus nahm, musste etwas Schreckliches passiert sein.

Doch Jabali rannte – wie immer in Laufkleidung und nachdem er sich sorgsam vergewissert hatte, dass die Straße frei war – flink und leichtfüßig über die Straße auf seine Freunde zu. Ungewöhnlich war nur, dass er ihnen dabei heftig zuwinkte.

Was hat der denn?, fragte sich Lennart.

»Hey!«, rief Jabali ihnen schon von Weitem zu. »Ich muss euch was erzählen!«

»Deine Eismaschine ist kaputt«, vermutete Michael. Jabali war berühmt für sein selbst gemachtes Eis. Die Eismaschine in der Küche seiner Eltern nutzte er fast täglich.

Jabali winkte ab. »Quatsch!«

Er griff in seine Sporttasche, die über seiner Schulter hing, knisterte in einer speziellen Plastiktüte für Tiefgefrorenes herum und fischte für jeden seiner Freunde ein Eis am Stiel heraus. Auch selbst gemacht, wenngleich ebenso ungewöhnlich wie sein gesamter Auftritt. Normalerweise gab es bei Jabali nur Kugeleis oder aufwendige Eiskunstwerke.

»Südafrika!«, rief Jabali.

Michael betrachtete sein Eis voller Skepsis. »Aus Südafrika?«, fragte er. »Dafür ist es aber noch gut gefroren.«

Jabali schüttelte ungeduldig den Kopf. »Unsinn! Wir können hinfliegen!«

Erwartungsvoll schaute er in die Gesichter seiner Freunde und wunderte sich, weshalb sie nicht vor Freude in die Luft sprangen.

»Nun mal langsam«, versuchte Linh ihn zu beruhigen. »Und erzähl mal der Reihe nach. Wer fliegt nach Südafrika?«

»Die Fußballnationalmannschaft«, warf Lennart ein. »Aber erst im Juni. Dieses Jahr ist doch Fußball-WM.«

Jabali nickte aufgeregt. »Genau.«

Michael verzog schon wieder das Gesicht. »Und deshalb machst du so einen Aufstand? Stell dir vor, das wussten wir schon.«

Jabali versuchte, seine Gedanken zu sortieren und seine Neuigkeit verständlicher zu erklären. »WIR können nach Südafrika fliegen. Schon in zehn Tagen.«

»Oh, Glückwunsch«, gratulierte Ilka ihm, in der Annahme, Jabali spreche von seiner Familie, die ihren Urlaub dort verbringen würde. »Dann müssen wir in den Pfingstferien wohl ohne dich auskommen«, stellte sie enttäuscht fest.

»Nein, nein!«, rief Jabali aufgeregt. »Also«, begann er nun endlich der Reihe nach und berichtete, dass es in Südafrika verschiedene Sozialprojekte gäbe, die mit Fußballspielen Straßenkindern halfen. Im Vorfeld der WM lud nun eine Organisation solcher Projekte einige Fußballmannschaften, Schulen und so weiter aus der ganzen Welt ein, an einem internationalen Jugendfußballturnier in Südafrika teilzunehmen.

Michael, Lennart, Linh und Ilka nahmen diesen Bericht still zur Kenntnis. Sie ahnten noch nicht, was dieses Turnier mit ihnen zu tun haben sollte.

»Und ihr wisst ja«, berichtete Jabali weiter, »dass mein Vater hier im südafrikanischen Konsulat arbeitet.«

Seine Freunde nickten. Sie wussten auch von Jabalis Mutter, die hier in Deutschland als Journalistin für verschiedene Zeitungen und sogar fürs Fernsehen in Südafrika arbeitete.

»Und beide haben vor und während der WM direkt in Südafrika beruflich zu tun«, erzählte Jabali.

Ilka verstand. Klar, dass die Eltern da ihre Kinder mitnahmen. So würden Jabali und sein Bruder Rasul nach Südafrika kommen. »Glückwunsch«, wiederholte sie. Und gab ehrlich mit ein wenig Fernweh zu: »Da würde ich auch gern mitkommen.«

»Aber das ist es doch!«, rief Jabali aus. Fast wäre ihm das Eis aus der Hand gefallen, so wild gestikulierte er mit den Armen. »Ihr kommt mit!«

»Hä?«, fragte Lennart.

Michael wollte sich schon

 verwirrt am Kopf kratzen. Gerade noch rechtzeitig fiel ihm ein, dass er ein Eis in der Hand hatte.

Endlich ließ Jabali die Katze aus dem Sack und zog seine Überraschung aus der Hosentasche: eine feine, auf Karton gedruckte Einladungskarte.

»Hier!«, präsentierte er stolz. »Dies ist eine Sondereinladung an unsere James-Conolly-Schule, an dem Turnier teilzunehmen!«

»Aber wir sind doch nur Fußballfans! Wir spielen doch gar nicht Fußball«, stellte Linh fest. Ein wenig Enttäuschung lag in ihrer Stimme. Gern wäre sie mit nach Südafrika geflogen. Doch Jabali konnte sie sogleich beruhigen.

»Wir sind nicht als Mannschaft eingeladen, sondern als Abordnung unserer Sport-Schule«, erklärte er. »Sozusagen als special guests oder VIPs, *Very Important Persons*!«

An dem Grinsen in seinem Gesicht erkannte Linh, dass Jabalis Vater als diplomatischer Mitarbeiter des Staates Südafrika bei der Einladung wohl ein bisschen mitgeholfen hatte.

»Und wer wäre eine bessere Abordnung unserer Schule als wir?«, fragte Jabali.

Unter den Fünf Assen brach ein riesiger Jubel aus. So laut, dass andere Kinder, die ins Schwimmbad gingen, sich erstaunt nach ihnen umdrehten.

Südafrika

Der Anflug auf Johannesburg war enttäuschend. Erst wenige Minuten vor der Landung durchbrach die Maschine eine dichte Wolkendecke und der Blick auf die Stadt wurde endlich frei. An so einem Tag schienen die riesigen Hochhäuser wirklich an den Wolken zu kratzen und wurden zu Recht Wolkenkratzer genannt. Lennart wunderte sich. Diese Stadt am anderen Ende der Welt glich aus dieser Höhe den Bildern, die er von New York kannte. Im Zentrum erhoben sich majestätisch und hoch gigantische Glasbauten mit glänzenden Fassaden, am Rand der Stadt prägten eintöniger Beton und Holzbaracken das Bild.

»Welcome in Johannesburg!«, begrüßte eine Stewardess die Fluggäste wenige Sekunden später, als die Maschine schon wie ein riesiger verirrter Vogel auf der Landebahn rollte.

Das Gewusel, das die Fünf Asse in der Flughafenhalle erwartete, war enorm. Wie von selbst hiel-

 ten sich die Fünf Asse an den Händen, damit sie sich in diesen Menschenmassen nicht verloren. Jabalis Vater hatte Rasul an der Hand und lächelte beruhigt, als er die Fünferkette sah. Er und seine Frau kannten sich hier gut aus und lotsten die fünf und Jabalis Bruder auf dem kürzesten Weg zur Gepäckausgabe. Auch hier war noch keine Gelegenheit, sich umzuschauen. Denn der Blick der Freunde richtete sich wie gebannt auf das Gepäckband und prüfte blitzschnell, ob gerade einer ihrer Koffer oder Rucksäcke ausgespuckt wurde. Linh lief zielsicher zu ihrer riesigen Sporttasche, die sie mit ihrem alten orangenen Judogürtel gesichert hatte. Michael wartete am ungeduldigsten auf seinen Rucksack. Nach elf Stunden Flug waren seine Beine taub, seine Augenlider schwer und er fühlte sich matt wie nach einem Wettkampf. Schweiß klebte an seinem Körper, als hätte man seine Kleidung einmal durch Sirup gezogen. »Moment mal! Das ist meiner!«, rief Michael mindestens dreimal, weil er glaubte, in den vorbeiziehenden Rucksäcken seinen erkannt zu haben. Bis er jedes Mal enttäuscht feststellte, dass es doch ein anderer war.

Doch ausgerechnet sein Rucksack ließ auf sich warten. Alle übrigen Passagiere hatten die Ankunftshalle längst Richtung Innenstadt verlassen. Nur Michaels Freunde, Rasul und Jabalis Eltern standen noch da und warteten ebenfalls unruhig auf Michaels Gepäck.

»Ich glaube, der kommt nicht mehr«, mutmaßte Lennart und machte Michael noch nervöser.

Michael stellte sich vor, wie er die nächsten 14 Tage in Südafrika überstehen sollte, wenn sein Rucksack verschwunden wäre. Die vergangenen zehn Tage waren auch so schon turbulent genug gewesen. Erst hatten sie ihre Eltern überzeugen müssen, gewissermaßen »allein« nach Südafrika reisen zu dürfen. Wenngleich natürlich Jabalis Eltern dabei waren und sie hier in Johannesburg sofort in dem Fußball-Jugendlager von Erwachsenen betreut wurden. Nachdem alle mühsam, aber erfolgreich, ihre Genehmigungen eingeholt hatten, ging der Behördenkampf los, um die Kinderausweise und Visa zu besorgen. Nur mithilfe von Jabalis Vater hatte die knappe Zeit dafür ausgereicht. Zum Glück waren keine Impfungen vorgeschrieben. Und die Jahreszeit, in denen in bestimmten Gebieten eine erhöhte Malaria-Gefahr herrschte, ging auch dem Ende zu. Mit zwanzig Grad herrschte draußen eine ange-

 nehm milde Temperatur, von der die Kinder aber noch nichts spürten.

Und dann, als schon niemand mehr daran glaubte – am allerwenigsten er selbst –, erschien endlich doch noch Michaels Rucksack auf dem Gepäckband.

Michael machte direkt einen Freudensprung. Obwohl sein Rucksack so schmutzig und zerzaust aussah, als hätte er schon ohne seinen Besitzer eine kleine Safari-Tour hinter sich gebracht. Vermutlich war er zwischendurch einfach nur vom Gepäckwagen gefallen.

Hinter der Zollgrenze erwartete die Kinder ein pompöser Empfang, der sie sofort für die lange Wartezeit entschädigte. Jabalis Onkel und dessen gesamte Familie standen in der Eingangshalle, feierlich in bunte Stoffe gekleidet, und hielten zur Begrüßung ein großes Transparent in die Höhe, auf dem erstaunlicherweise die »*Funf Ase herrlich will komen*« geheißen wurden. Alle hielten eine seltsam geformte Plastiktröte in der Hand und tuteten damit los.

»Siehst du? Vuvuzelas!«, sagte Jabali mit ehrfürchtigem Ton und zeigte auf die Tröten.

»Uwe Seeler?«, fragte Michael überrascht. Was um alles in der Welt hatte der Fußball-Opa aus Hamburg hier auf dem Flughafen zu suchen?

»Mein Onkel hat sogar noch ein echtes Horn von einer Kudu-Antilope!«, antwortete Jabali aufgeregt und ließ den Blick nicht von seinen Verwandten.

Michael verstand immer noch nicht.

Nicht nur wegen der Schreibfehler erkannte Jabali sofort, dass das Transparent von seinen Cousins und Cousinen geschrieben worden war. Rund um den Schriftzug rankten sich bunte Kinderbilder mit Fußbällen, symbolisierten Sportarten, aber auch wilden Tieren, wunderschönen Palmen und einer fetten, gelben Sonne. Michael und Ilka waren die Schreibfehler völlig schnuppe. Sie freuten sich, hier in Südafrika endlich wieder in ihrer Muttersprache Englisch reden zu können.

Einer seiner Cousins war genauso alt wie Jabali. Ihre Geburtstage lagen nur eine Woche auseinander. Kaum erspähte er Jabali, übergab er die Stange des Transparents einem seiner älteren Brüder, rannte auf Jabali zu, sprang ihm förmlich um den Hals und führte sofort einen wilden Freudentanz auf.

Michael, Lennart, Linh und Ilka schauten fasziniert und amü-

 siert zu, wie Jabali und sein Cousin über den glatt polierten Boden der Ankunftshalle fegten wie bei einem Salsa-Wettbewerb. Als das Tanzpaar an den verbliebenen vier Assen vorbeihuschte, stoppte Jabali abrupt und machte seinen Cousin und seine besten Freunde miteinander bekannt: »Das ist Ajani.«

Ajani gab jedem freundlich die Hand und strahlte sie dabei an, als wären sie ebenfalls schon seit Jahren befreundet.

Ilka gefiel die herzliche Art von Jabalis Cousin, besonders seine großen, wachen, intelligenten dunkelbraunen Augen. Das breite Lachen, das seine Zähne strahlen ließ. Und sogar die deutlich zu groß geratenen Ohren gefielen Ilka, denn Ajani hatte keine verschämten Versuche unternommen, sie zu verstecken. Im Gegenteil. Er hatte seine Haare fast zu einer Glatze kurz geschoren, sodass die Größe seiner Ohren noch gewaltiger wirkte.

Verwundert war sie, dass Ajani sie in gutem Deutsch empfing und nicht, wie sie gedacht und sogar gehofft hatte, in der Landessprache Englisch.

Ilka grinste ihn an, grüßte in fließendem australischen Englisch zurück und fragte, woher Ajani Deutsch spreche.

»Genau wie du«, antwortete er auf Englisch. »Ich hab's einfach gelernt.«

Jabali erklärte, dass Ajani in der Familie den Spitznamen »Doc« verpasst bekommen hatte, weil er nicht nur außerordentlich schlau, sondern auch außerordentlich lernbegierig war. Michael verzog gleich das Gesicht, sein Lerneifer hielt sich in Grenzen. Aber Linh und Ilka strahlten.

»So«, unterbrach Jabalis Onkel – Ajanis Vater – die Begrüßung. »Wir wollen hier nicht übernachten. Wir gehen erst mal ein großes Eis essen, dann fahren wir euch in die Unterkunft.«

Michael, Lennart, Ilka und Linh lachten laut auf. Die Liebe zum Speiseeis lag offenbar in Jabalis Familie.

»Aaaaachtung!«, rief Lennart aufgeregt von der hintersten der drei Sitzbänke, als Jabalis Onkel auf die Autobahn fuhr. Er drehte sich hektisch in alle Richtungen.

»Was ist denn?«, fragte Michael. Er verstand nicht, wen Lennart mit seinem Ausruf warnen wollte und wovor.

»Moment mal ...«, murmelte Lennart jetzt leise und schaute

 sich verwirrt um. Irgendwas war falsch. Er wusste nur nicht, was.

»Was ist denn?«, wiederholte Michael ungeduldig und ohne seinen Blick von den vielen Autos, die auf vier Spuren in die Stadt hinein- und auf vier Spuren aus der Stadt herausfuhren, zu lösen.

»Ach, klar!« Jetzt fiel es Lennart endlich auf. In Südafrika herrschte Linksverkehr! Darum fühlte er sich anfangs irgendwie fehl am Platz, auf der falschen Seite, auf der falschen Spur, auf der falschen Straße.

Für Ilka und Linh war das nichts Besonderes. In ihren Heimatländern, Australien und Vietnam, fuhr man auch auf der linken Straßenseite.

»Wie in England! Nicht schlecht, oder?«, strahlte Michael, der das schon mal in London erlebt hatte.

Lennart war der Einzige, der sich noch eine ganze Weile unbehaglich fühlte.

Als die fünf das Jugendlager schließlich erreichten, war ihre Müdigkeit von der langen Reise wie weggeblasen. Viel zu viele neue und aufregende Eindrücke waren auf sie eingeprasselt. Die breiten Straßen mitten in der Stadt, die Menschenmassen, die sich überall ihren Weg zwischen den Autos bahnten, riesige Werbetafeln, schicke Läden und heruntergekommene Einkaufsbuden, pompöse

Springbrunnen zwischen modernen Bauten aus glänzendem Granit, tonnenweise Müll an den Straßenrändern. Und dazwischen immer wieder Männer in Uniform. Mal in blau, mal in braun, mal in schwarz.

Der kleine Bus, den Ajanis Vater extra ausgeliehen hatte, um die Kinder vom Flughafen abzuholen, setzte sie auf dem Gelände eines nagelneu gebauten Sportzentrums für Jugendliche ab.

»Das ist bei den ganzen Arbeiten für die Fußball-WM mit herausgesprungen«, erklärte Ajanis Vater. »Es hat einige Diskussionen gegeben, weil es sehr teuer war. Aber schließlich haben sich die lokalen Sportvereine durchgesetzt und so konnte dieses Sportzentrum vor zwei Monaten eingeweiht werden.«

Er schaute vom Lenkrad kurz nach hinten zu den Kindern auf den Rückbänken. »Deshalb seid ihr auch hier. Im nächsten Jahr werden fünf Schüler aus diesem Sportzentrum im Gegenzug eure Schule in Deutschland besuchen.«

»Echt?«, freute sich Jabali. Das hatte er noch gar nicht gewusst. Und natürlich knüpfte sich an diese Neuigkeit sofort die Hoffnung,

 dass sein geliebter Cousin Ajani einer dieser fünf sein würde.

»Wieso Sportzentrum?«, wunderte sich Lennart. »Ich dachte, hier ist ein Fußballzentrum?«

Ajanis Vater schüttelte den Kopf. »Nur jetzt in Vorbereitung der WM und zur Durchführung des internationalen Turniers nutzen wir die Quartiere für die Jugendfußballmannschaften. Nach der WM wird dies eine allgemeine Sportschule. So ähnlich wie eure.«

»Wow!«, rief Michael begeistert. Fußball gehörte wahrlich nicht zu seinen besten Sportarten.

Ajanis Vater hielt den kleinen Bus an. »So, da sind wir. Dort ist euer Quartier!«

Ilka aber zeigte zur anderen Seite aus dem Fenster. »Schaut mal!«, rief sie aufgeregt.

Ein riesiges Becken lud mit herrlich blauem Wasser zum Schwimmen ein.

Auch Michael bekam sofort große Augen. »Mit Zehner!«

»Ihr werdet hier noch mehr finden«, versprach Ajanis Vater. »Aber erst mal bringen wir euer Gepäck in eure Zimmer. Und dann zeige ich euch die Fußballplätze.«

»Fußballplätze?«, fragte Ilka. »Och, wieso nicht das Schwimmbad?«

»Weil wir hier zu einem internationalen Fußballturnier eingeladen sind«, erinnerte Lennart. Er freute sich schon sehr darauf. Wenn die Fußballplätze nur halb so viel hergaben wie das schicke Schwimmbad, dann mussten sie grandios sein. Er bedauerte sehr, dass sie nur als Besucher und nicht mit einer eigenen Fußballmannschaft angereist waren. Andererseits hätte er dann auf seine besten Freunde verzichten müssen. Denn keiner von ihnen – außer ihm selbst – spielte gut genug Fußball, um bei einem Turnier bestehen zu können.

Die Fünf Asse und Jabalis Cousins sprangen aus dem Bus, luden das Gepäck aus und schleppten es durch die gläserne Eingangstür, die sich von selbst öffnete.

Drei Jungs mit Bällen in den Händen und im Fußballdress kamen ihnen entgegen.

»Hi!«, rief Lennart ihnen zu.

Die drei Jungs grüßten stumm zurück, indem sie nur kurz die Hände anhoben.

»Wohnt ihr auch hier?«, fragte Lennart.

»Nee!«, kicherte Michael. »Die leben auf dem Mond und sind hier nur zu Besuch! So eine blöde Frage!«

Lennart überhörte Michaels spitze Bemerkung und wartete

lieber auf eine Antwort der drei, die ihn aber nur stumm ansahen.

»Die verstehen dich nicht«, begriff Michael. Und übernahm die Begrüßung auf Englisch. Endlich konnte er mal groß gegen Lennart auftrumpfen. In allen Schulfächern hinkte er Lennart weit hinterher, außer in seiner Muttersprache: Englisch. Endlich wusste er mal etwas besser und Lennart, der Fremdsprachen am liebsten aus dem Unterricht verbannt hätte, war voll und ganz auf Michael angewiesen.

Doch die drei verstanden Michael trotzdem nicht.

Ilka sprach auch nur Englisch, ebenso wie Jabali und Ajani. Und Linh brauchte es mit ihrem Vietnamesisch gar nicht erst probieren. Woher auch immer die drei kamen, mit Sicherheit nicht aus Asien.

»Olá! Como está?«, grüßte einer zurück.

»Oh, Spanier!«, glaubte Ilka.

Die drei Jungs zogen weiter, ohne noch etwas zu sagen.

»Das war Italienisch«, behauptete Lennart.

Ajanis Vater kam mit den letzten beiden Gepäckstücken hinterher und rief den Kindern zu: »Ah, habt ihr schon Freundschaft mit unseren Brasilianern geschlossen?«

Alle fünf und Ajani lachten laut los. Und bezogen endlich ihr Quartier.

Außer den Brasilianern nahmen noch Mannschaften aus Italien, Spanien, China, USA und Ghana an dem Turnier teil. Und natürlich das Gastland Südafrika. Auch eine deutsche Mannschaft war dabei.

»Ich wusste gar nicht, dass es in unserer Altersklasse schon Nationalmannschaften gibt«, wunderte sich Linh, als Ajani ihnen die Länder aufzählte.

Ajani gehörte zur südafrikanischen Mannschaft, die hier im Sportzentrum nur trainierte und spielte, nicht aber wohnte. Alle Spieler der Mannschaft kamen aus Johannesburg. So konnten sie alle auch ebenso gut zu Hause übernachten. Wenngleich Ajani das sehr bedauerte. Er wäre über Nacht gern in dem internationalen Camp geblieben.

Ajani führte Jabali und dessen Freunde zu den Fußballplätzen und erzählte weiter, wie sich die Mannschaften zusammensetzten: »Es sind Schulmannschaften aus der ganzen Welt. Wie mein Vater schon gesagt hat, es geht hier nicht nur um Fußball, sondern um den Beginn ei-

 nes sportlichen Schüleraustausches für die nächsten Jahre.«

»Super Idee!«, fand Ilka. »Wer hatte die?«

Ajani blieb stehen und konnte seinen Stolz nicht verhehlen. »Mein Vater!«

Mit einem Blick auf Jabali ergänzte er: »Als mein Vater hörte, auf was für eine Schule Jabali bei euch in Deutschland geht, fand er, so etwas müsste man hier auch machen.«

»Da hat er recht!«, stimmte Michael eifrig zu, der trotz vieler und großer Schwierigkeiten in den unterschiedlichsten Fächern seine Schule wahnsinnig mochte.

Lennart klopfte Jabali anerkennend auf die Schulter. »Mensch, Jabali. Dann bist du gewissermaßen der Erfinder dieser Einrichtung.«

Jabali winkte ab. So fühlte er sich ganz und gar nicht.

»Kommt!« Ajani setzte seinen Weg fort. »Die Deutschen trainieren gerade. Morgen beginnt das Turnier.«

Oh nein!

Die fünf folgten Jabalis Cousin, bogen um die Ecke der Sporthalle, hinter der sich die Fußballfelder befanden, und ... Michael blieb stehen, als wäre er gerade gegen eine Wand gelaufen. Die anderen hatten noch gar nicht erkannt, was ihm da soeben in die Augen gesprungen war.

»Da-das ... ka-kann ... doch nicht sein!«, stotterte Michael vor Staunen, vor allem aber vor Entsetzen.

»Was?«, fragte Linh ungerührt.

Michael zeigte auf den Platz, als ob da nicht ein Dutzend Jungs, sondern eine Horde gefährlicher Rhinozerosse mit dem Ball herumbolzte.

Linh schaute genauer hin und hatte plötzlich das Gefühl, als hätte sie einige der Jungs schon mal gesehen.

Lennart musterte die spielenden Jungs mit kritischem Blick. Ihm dämmerte, was Michael so erschreckt hatte.

Ilka erkannte nun auch einen der Jungs und sprach aus, was Michael im Halse stecken geblieben war: »Die Grünheimer!«

»Was?«, fragte Ajani, der nichts verstand.

Jabali erklärte es ihm: »Die Jungs dort sind aus Grünheim. Ein Nachbarort von uns!«

»Oh, ihr kennt euch?«, staunte Ajani. »Wonderful! Prima! Prima!«

Michael starrte Ajani fassungslos an. »Wonderful? Prima? Was soll denn daran wonderful sein?«, bölkte er los.

Jabali trat schnell einen Schritt zwischen ihn und den erschrockenen Ajani.

Lennart stürzte sich auf Michael und hielt ihn zurück.

Ilka bemühte sich, Ajani zu erklären, wer die Grünheimer waren: nicht nur Kinder aus der Nachbarstadt, sondern von einer Sportschule wie ihrer. Und seit Jahren in allen Wettkämpfen ihre größten Rivalen. Ein Lokalderby zwischen Borussia Dortmund und Schalke 04 war nichts dagegen.

»Wie kommen die hierher?«, schrie Michael entsetzt. Wie sollte man zwei Wochen unbeschwert Ferien machen, wenn man die Grünheimer an seiner Seite hatte?

Ajani war untröstlich. Er hatte gehofft, die Fünf Asse würden sich freuen, andere Schüler aus ihrer Heimat hier zu treffen.

»Nicht gut, die Grünschleimer?«, fragte er, ohne seinen Versprecher zu bemerken.

Michaels Gesicht hellte sich auf. »Grünschleimer? Doch, das war gut!«

Aber seine Laune verbesserte sich nur für wenige Sekunden. Zu groß war der Schock, den Grünheimern hier, knappe 9000 Kilometer von zu Hause entfernt, zu begegnen. Als wäre das alles noch nicht schlimm genug, erspähte Michael unter den Grünheimern auch noch Tom, seinen Erzrivalen im Mehrkampf. »Was macht der denn hier?«, schnaufte Michael verärgert. »Der kann doch überhaupt nicht Fußball spielen!«

»Du doch auch nicht«, kicherte Lennart.

Doch Michael war überhaupt nicht nach Scherzen zumute. Auch seine Freunde waren nicht besonders gut auf die Grünheimer zu sprechen, aber so eine extreme Abneigung wie Michael verspürte niemand. Lennart, Jabali, Linh und Ilka gelang es, wesentlich gelassener mit der Anwesenheit der Grünheimer umzugehen.

»Wir könnten wenigstens Hallo sagen«, schlug Linh vor.

»Niemals!«, entgegnete Michael sofort.

Linh verzog das Gesicht. Michaels rabiate und pauschale Ablehnung der Grünheimer ging ihr erheblich gegen den Strich.

»Wir sind hier auf einer Sportveranstaltung«, zischte sie böse. »Und wir sind Gäste. Da können wir uns ja wohl auch anständig benehmen, wie es sich für Gäste gehört!«

Michael wollte gerade widersprechen. Doch eben noch rechtzeitig sah er die vorwurfsvollen Blicke seiner Freunde. »Na gut, wenn es sein muss.«

Auch die Grünheimer waren alles andere als erfreut, die Fünf Asse hier zu treffen. Anders als diese hatte man sie allerdings vorher informiert. Und so zeigten sich die Grünheimer zwar nicht wirklich herzlich, aber doch einigermaßen höflich.

Trotzdem spürte Ajani, dass es zwischen den Kontrahenten erheblich brodelte, wie ein Topf mit kochendem Wasser, der jeden Moment übersprudelte.

Nachdem ein paar äußerst unterkühlte Begrüßungsfloskeln ausgetauscht waren, zog Ajani die Fünf Asse schnell weiter.

»Dort hinten trainieren die Brasilianer. Wollen wir hin?«

»Ja!«, riefen alle Fünf Asse wie aus einem Mund.

Keiner hegte das Bedürfnis, länger als nötig bei den Grünheimern zu verweilen.

Nur einen Platz weiter sahen die Fünf Asse die drei Jungs wieder, denen sie am Eingang der Unterkunft begegnet waren.

Während die Grünheimer gerade damit begonnen hatten, ein hartes Konditionstraining zu absolvieren, spielten die Brasilianer mit dem Ball.

Die eine Hälfte der Mannschaft stand etwas abseits, damit jeder Spieler genügend Platz hatte, allein mit dem Ball zu jonglieren. Offenbar war ihnen die Aufgabe gestellt worden, den Ball so lange wie möglich in der Luft zu halten. Lennarts Augen begannen zu strahlen. Jonglieren! Lennarts liebstes Hobby und große Stärke. Ohne lange zu fragen, rannte er zu den Brasilianern auf den Platz, schnappte sich einen der herumliegenden Bälle, zog ihn mit der Sohle zurück und lupfte ihn dann mit der Fußspitze hinauf auf seinen Oberschenkel, von dort weiter hoch, sodass er ihn mit dem Kopf jonglierte. Vier-, fünfmal stieß er ihn mit der Stirn nach oben, dann plötzlich ließ er seinen Kopf nach vorn fallen und der Ball kam in seinem Nacken zur Ruhe.

Einige der brasilianischen Jungs unterbrachen ihre Übung. Man-

 che, weil sie sich wunderten, was das fremde Bleichgesicht plötzlich zwischen ihnen zu suchen hatte. Andere warfen Lennart anerkennende Blicke zu. Und sofort, ohne auch nur ein einziges Wort zu wechseln, begannen sie mit einem Austausch ihrer besten Tricks. In nur wenigen Sekunden hatte sich in stillem Einverständnis ein Kreis gebildet, in dem die Jungs sich der Reihe nach ihre Kunststücke vorführten.

Obwohl die brasilianischen Jungs ein unglaubliches Ballgefühl an den Tag legten, konnte Lennart spielend mithalten. Anerkennend applaudierten die Jungs sich gegenseitig, wenn einem von ihnen ein besonders schwieriger Trick gelungen war.

»So!« Ilka klatschte einmal laut in die Hände und stellte mit einem Lächeln im Gesicht fest: »Lennart hat neue Freunde gefunden und ist für den Rest der zwei Wochen beschäftigt. Und was machen wir?«

»Ich stelle euch meine Mannschaft vor«, schlug Ajani mit einem Blick auf seine Uhr vor. »Das Training fängt gleich an.«

»Oh ja!« Jabali freute sich riesig darauf, die Freunde seines Cousins kennenzulernen.

Zwischenfall

Auf dem ersten Platz trainierten die Grünheimer, auf Platz zwei die Jungs aus Brasilien. Auf dem dritten und damit letzten Platz der Sportanlage sollten jetzt die Gastgeber trainieren. Die ersten Jungs standen auch schon bereit, als Ajani und seine Gäste den Platz erreichten.

Jabali war vor lauter Spannung, endlich Ajanis Freunde kennenzulernen, schon ganz zappelig. Und auch Linh, Ilka und Michael freuten sich auf neue Bekanntschaften. Nur Lennart war zurückgeblieben und spielte noch immer mit den Brasilianern, hatte aber versprochen, später nachzukommen.

Michael warf einen Blick auf den Platz und erkannte sofort: »Da stimmt etwas nicht!«

Um das zu erkennen, musste man allerdings auch nur mindestens bis elf zählen können. Die Mannschaft war nicht vollzählig. Diese Tatsache allein hätte Michael sicher nicht so

 sehr stutzen lassen. Es konnte immer mal vorkommen, dass der eine oder andere sich verspätete. Ajani selbst fehlte ja auch noch, weil er die Fünf Asse betreute und begleitete. Aber hier standen gerade mal sieben Spieler auf dem Platz. Das hätte so eben für eine Hallenfußballmannschaft inklusive Ersatzspieler gereicht, aber doch nicht für eine normale Fußballelf draußen auf dem Platz. Auch Ajani stutzte, als er das kleine Häufchen seiner Mitspieler sah. Und vor allem als er bemerkte, dass die sich nicht warm machten, sondern mitten auf dem Platz im Kreis saßen und ihrem Trainer lauschten, der in der Mitte stand und den Jungs irgendetwas mitteilte. Das war das zweite Auffällige: Ganz offensichtlich hielt der Trainer keine Ansprache, gab keine Anweisungen oder Tipps, machte keine Spielanalyse. Vielmehr wirkte der Trainer selbst etwas ratlos, wie er da in der Mitte stand, seinen Jungs in die Augen sah und jetzt – so schien es Michael – überhaupt nichts mehr sagte. Auch nicht gestikulierte. Der Trainer stand einfach nur da. Und schaute ratlos in die Runde.

Michael wiederholte: »Da stimmt etwas nicht!«

Ajani warf ihm einen sorgenvollen Blick zu. Und nickte. »Ich befürchte, da hast du recht.«

Ajani lief voraus zu seinen Mannschaftskameraden. Michael und seine Freunde sahen ihm hinterher.

»Was meint ihr, was da los ist?«, fragte Jabali bedrückt.

Ilka und Linh hatten keine Idee. Aber sie teilten Michaels Eindruck. Zumindest im Vergleich zu den anderen Mannschaften wirkten Ajanis Mitspieler irgendwie niedergeschlagen, so als hätten sie gerade eine schlimme Nachricht erhalten.

»Vielleicht wurden sie aus dem Turnier ausgeschlossen oder so«, mutmaßte Michael.

»Wieso das denn?«, entfuhr es Jabali heftiger als er gewollt hatte.

Michael zuckte mit den Schultern. »Ich weiß auch nicht. Nur so ein Gedanke. Was soll denn sonst passiert sein?«

Je mehr sie sich Ajanis Mannschaft näherten, desto langsamer gingen sie. Sie trauten sich nicht, in die kleine Runde hineinzuplatzen. Aber sie spürten deutlich die bedrückte Stimmung. Mit einem netten Kennenlernen von Ajanis Freunden würde es wohl nichts werden, vermutete Jabali. Und es machte ihn ein wenig traurig. Noch mehr aber sorgte er sich um seinen Cousin.

Ajani schien Jabalis Gedan-

 ken gehört zu haben. Denn in dem Augenblick drehte er sich um, wandte sich den Fünf Assen zu und führte sie ein wenig von seinen Mannschaftskollegen fort.

Von der anderen Seite kam Lennart angelaufen.

»Da seid ihr ja, amigos«, rief er und prahlte gleich mit seinem neu gelernten Wort für Freunde auf Portugiesisch. »Mann, ist das Gelände groß. Ich hatte schon Angst, euch zu verlieren!«

Michael verdrehte die Augen. »Platz eins, Platz zwei ...«, zeigte er mit der Hand an. »Und hier ist Platz drei. Was ist denn daran schwer?«

Nicht nur in Sprachen, auch im Orientierungssinn hinkte Lennart ausnahmsweise mal Michael hinterher.

Lennart drehte sich um. »Ja, jetzt, wo du es sagst. Stimmt.« Er holte Luft und wollte von seinem tollen Erlebnis mit den Brasilianern berichten. »Stellt euch vor, die ...«, begann er aufgeregt. Doch dann spürte er, dass irgendwas in der Luft lag. »Was ist los?«

»Das wollte uns Ajani gerade erklären«, weihte Linh Lennart ein.

Lennart verstummte, wechselte noch ein paar verwunderte Blicke mit seinen Freunden und war dann ganz Ohr.

»Uns fehlen drei Spieler«, berichtete Ajani.

Jabali nickte. »Das haben wir gesehen! Wo sind die? Im Stau stecken geblieben? Oder krank?«

Ajani zog ratlos die Schultern hoch. »Könnte man fast sagen.«

»Fast?«, fragte Michael. »Was ist denn fast krank?«

Damit konnte auch Ilka nichts anfangen. Entweder war man krank oder eben nicht. Doch an Ajanis Gesichtsausdruck erkannte sie, dass mehr dahintersteckte.

»Sie liegen im Krankenhaus«, erzählte Ajani.

Und Jabali quiekte laut auf. »Im Krankenhaus? Und das nennst du *fast* krank? Wie sieht bei dir denn einer aus, der richtig krank ist?«

Ajani winkte ab. »Sie haben keine Krankheit in dem Sinne«, korrigierte er. »Sie wurden brutal überfallen.«

Ilka stockte der Atem. Linh riss ihre Augen auf und hielt sich die Hand vor den Mund. Michael musste schlucken. Lennart hatte das Gefühl, nicht richtig verstanden zu haben. Und Jabali stöhnte: »Ach du Scheiße!«

Ajani berichtete, dass ein Großteil seiner Mannschaftskameraden in den ärmeren Stadtteilen

wohnte. In ganz Johannesburg gab es leider eine sehr hohe Kriminalität, aber in diesen Stadtteilen besonders. »In erster Linie natürlich gegen Touristen. Aber leider nicht nur.«

»Hallo?«, warf Michael ein. »Wir *sind* Touristen!«

Ajani wurde verlegen wegen seiner Formulierung. »So habe ich es nicht gemeint«, entschuldigte er sich.

»Hohe Kriminalität?«, wiederholte Linh. »Und dann habt ihr uns hierher eingeladen?«

»Das ist ja der Grund, weshalb es dieses Sport-Projekt überhaupt gibt«, verteidigte sich Ajani. »Die Jugendlichen sollen Sport treiben und nicht auf der Straße herumhängen. In den letzten Jahren ist die Kriminalitätsrate auch deutlich gesunken.«

Ilka tat Ajani richtig leid. Schließlich konnte er nichts für die Kriminellen. Und jetzt waren auch noch seine Freunde solchen Verbrechern in die Hände gefallen.

»Aber jetzt«, fuhr Ajani fort, »hat es unsere eigenen Leute erwischt. Sie sind wohl irgend so einer Straßenbande über den Weg gelaufen. Zum falschen Zeitpunkt am falschen Ort.«

»Na super!«, höhnte Michael. »Und was, wenn wir mal zum falschen Zeitpunkt am falschen Ort durch die Stadt gehen?«

Ajani erschrak. »Ihr wollt doch wohl nicht allein durch die Stadt gehen?«

Ilka und Linh winkten schnell ab.

Und Jabali ergänzte: »Johannesburg ist die gefährlichste Stadt Afrikas! Vielleicht sogar in der Welt!«

Die anderen Asse schauten ihn entgeistert an.

»Wie geht es deinen Freunden denn? Sind sie schwer verletzt?«, fragte Linh aufgewühlt, während sie krampfhaft versuchte, ruhig zu bleiben. Diese neuen Informationen schockierten sie. Und Ajani ging wie selbstverständlich davon aus, dass sie nicht allein durch die Stadt liefen, sondern nur in der Gruppe oder in Begleitung eines Erwachsenen. Das hatte sich Linh wahrlich anders vorgestellt.

Lennart hatte bis zuletzt gehofft, die Diskussion, die seine Freunde zum Teil auf Englisch führten, nicht richtig verstanden zu haben. »Gefährlichste Stadt der Welt« aber hatte er sofort kapiert. Noch bevor Ajani auf Linhs Frage nach den Verletzungen antworten konnte, stand für Lennart fest: »Ich setze hier keinen Fuß mehr vor die Tür!«

»Doch!«, widersprach Ajani.

»Das ist es doch, was ich euch die ganze Zeit sagen will.«

»Was?«, fragte Lennart nach. »Dass wir uns ausrauben lassen sollen?«

Ajani schüttelte den Kopf. »Nein, dass ihr in meiner Mannschaft mitspielen müsst. Wir haben keine weiteren Spieler mehr.«

»Was ist denn mit euren Ersatzspielern?«, fragte Lennart. Keine Mannschaft trat ein Turnier ohne Ersatzspieler an.

Ajani zog die Schultern hoch.

Lennart wartete weiter auf eine Antwort. Als er keine erhielt, wiederholte er seine Frage nach den Ersatzspielern.

»Ich weiß es nicht«, drückte Ajani sein Schulterzucken nun in Worten aus. »Und unser Trainer weiß es auch nicht. Sie sind einfach nicht gekommen.«

Lennart begriff nicht, was Ajani ihm damit sagen wollte. Hilflos schaute er zu seinen Freunden. Doch auch die guckten nur ratlos.

»Wie: nicht gekommen?« Auch Michael glaubte, etwas falsch verstanden zu haben.

Ajani wiederum wusste mit den Nachfragen seiner Gäste nichts anzufangen. Das war doch nicht schwer zu verstehen: Die Ersatzspieler waren einfach nicht erschienen. Punkt.

Lennart, Michael, Jabali, Linh und Ilka fiel gleichzeitig die Kinnlade herunter, als ob sie es für ein Ballett geübt hätten.

Ein Sportler wurde für ein großes Sportereignis auserwählt und eingeladen – und erschien dann nicht? Für die Fünf Asse klang das wie ein Bericht aus einer anderen Galaxie.

Nur Lennart erinnerte sich dunkel an einige Fernseh- und Sportzeitschriftenberichte, in denen deutsche Trainer, die afrikanische Nationalmannschaften trainierten, genau von diesen Problemen berichteten.

»Aber die sind doch nominiert!«, betonte Linh noch einmal. »Auserwählt.«

Ajani zuckte wieder mit den Schultern. »Vielleicht sind sie in letzter Minute auf etwas gestoßen, was sie mehr interessiert. Wie gesagt, es handelt sich um ein Projekt für Straßenjungs.«

Ajani schaute in fünf fassungslose Gesichter.

»Jedenfalls«, widmete er sich wieder den Tatsachen, »fehlen uns drei Spieler.«

Training

Die Fünf Asse saßen zusammen mit Ajani auf dem Rasen neben dem Fußballplatz, um die neue Situation zu beraten. Lennart konnte es einfach nicht verstehen, wieso Ajani und seine Mannschaft keine anderen Spieler fanden, um die Ausfälle zu kompensieren. Doch die Erklärung war recht einfach: »Das ist wie bei jeder Weltmeisterschaft oder auch den Olympischen Spielen«, erläuterte Ajani. »Es gab einen Anmeldeschluss. Danach kann niemand mehr geholt werden. Wir können nur die Spieler aufstellen, die schon im Camp sind. Und ihr seid die Einzigen, die noch keiner Mannschaft zugeteilt sind.«

Lennart stöhnte auf. »Ich will ja niemanden beleidigen«, sagte er zögerlich. »Aber Michael und Jabali können wirklich überhaupt nicht Fußball spielen!«

Ajani warf seinem Cousin einen mitleidigen Blick zu. »Echt nicht?«

Jabali zuckte mit den Schultern. »Ich bin Läufer!«

»Und Rennradfahrer!«, ergänzte Ilka. Das hatte

Jabali vor nicht allzu langer Zeit bewiesen. Auch wenn es jetzt nichts nützte.

»Laufen ist gut im Fußball«, tröstete Ajani. »Außerdem: schlechter, als wenn wir gar keinen Ersatz aufstellen, werdet ihr wohl nicht sein!«

Michael kniff ärgerlich die Lippen zusammen. »Lennart übertreibt mal wieder. Sooo schlecht sind wir auch nicht.«

»Du triffst keinen Ball!«, stellte Lennart klar.

»Aber jeden Gegner!«, kicherte Ilka.

»Spiel du doch!«, blaffte Michael Ilka an.

Das hätte Ilka sogar gern getan. Aber Ajani hatte ihnen erläutert, dass bei dem Turnier reine Jungenmannschaften teilnahmen.

Ilka fand das total blöd, zumal in Deutschland in ihrer Altersklasse gemischte Fußballmannschaften nicht ungewöhnlich waren. Aber das Organisationskomitee dieses internationalen Turniers sah die Sache offenbar anders. So konnten Ilka und Linh gar nicht einspringen, selbst wenn sie gewollt hätten.

»Es bleibt also nichts anderes übrig«, fasste Linh zusammen. »Entweder unsere Jungs spielen bei Ajani mit oder seine Mannschaft kann nur mit acht Spielern antreten.«

»Und das wäre wirklich blöd«, erklärte Ajani. »Denn erstens haben wir dann kaum Chancen zu gewinnen. Aber vor allem, was ist, wenn sich einer oder mehrere verletzen oder vom Platz fliegen? Die Turnierregeln orientieren sich an der FIFA-Empfehlung, wonach ein Spiel abgebrochen werden sollte, wenn weniger als sieben Spieler einer Mannschaft auf dem Platz stehen.«

»Bei uns in Deutschland ist das sogar eine Regel«, wusste Lennart. »Nicht nur eine Empfehlung.«

»Puh!«, stöhnte Michael. »So viele Regeln. Ich dachte, hier spielt man einfach nur Fußball.«

Es blieb ihnen also gar keine Wahl. Zudem gab es wirklich Schlimmeres, als bei einem internationalem Fußballturnier als Spieler aktiv dabei zu sein.

»Also!« Jabali sprang tatenfroh auf. Er hatte schon viel zu lange still auf einem Fleck gesessen und musste sich endlich mal wieder bewegen. »Worauf warten wir noch? Wenn wir morgen schon spielen müssen, sollten wir mit dem Training beginnen. Am besten sofort!«

»Endlich mal ein guter Vorschlag«, lobte Michael.

Nur Lennart stutzte. »Wir haben gar keine Fußballschuhe dabei!«

Aber das war das geringste Problem. Immerhin war dieses Fußballturnier in erster Linie ein soziales Projekt. Die meisten Spieler stammten aus ärmeren Familien und wohnten in heruntergekommenen Stadtteilen. Nicht nur in Ajanis Mannschaft. Auch die Spieler aus den anderen Ländern kamen meist aus Familien mit sehr wenig Geld. Selbst in der Mannschaft der Grünheimer waren die sozialen Unterschiede enorm. Viele der Teilnehmer dieses Turniers hatten gar kein Geld für Fußballschuhe oder Trikots. Deshalb wurde die Ausrüstung ebenso wie die Reise, die Verpflegung und die Unterkunft bezahlt und gestellt.

Ajani rannte los, um seinen Mannschaftskameraden die frohe Botschaft zu überbringen. Ihr Trainer begrüßte Michael, Lennart und Jabali herzlich und stellte sich als Herr Tomsen vor, verteilte Schuhe und Trikots an die drei und rief sie gleich auf den Platz zum Probetraining.

Pünktlich mit dem ersten Schritt, den Michael auf den Rasen setzte, brach ein Platzregen los, wie Michael ihn noch nie gesehen hatte.

Noch ehe er sich darüber überhaupt wundern oder gar die anderen fragen konnte, ob das

 Training dennoch stattfand, stand er schon klitschnass auf dem Platz. Michael kam sich vor, als stünde er in kompletter Sportkleidung unter einer kalten Dusche. Der Platz unter seinen Füßen verwandelte sich binnen weniger Sekunden vom feinsten Rasen in einen morastigen Tümpel, in dem er fast bis zu den Knöcheln einsank. Der Regen ergoss sich so heftig über ihn, dass er beinahe die eigene Hand nicht mehr vor Augen sehen konnte, geschweige denn den Weg zu den Umkleidekabinen oder einer anderen Unterstellmöglichkeit. Um ihn herum nichts als eine graue, nasse Masse aus tosendem Wasser. Als ob man sich direkt in einen Wasserfall stellen würde, um die Umgebung zu erkunden. Es war aussichtslos. Obwohl er einen wirklich guten Orientierungssinn besaß, wusste er nicht mehr, wo vorn oder hinten war. War er von da gekommen oder von dort? Wo standen die Tore? Wo endete der Platz? Nichts von alledem konnte er mehr sehen. Zudem verursachte der Regenguss solch einen Höllenlärm, dass er auch nichts mehr sonst hörte. Er rief nach seinen Freunden. Doch der prasselnde Regen schien die Schallwellen seiner Stimme gleich mit in den Abgrund zu ziehen, ohne dass irgendjemand in seinem Umkreis die Chance gehabt hätte, ihn zu hören.

So tat Michael das Einzige, was ihm übrig blieb. Nichts. Er wartete einfach und ertrug die Wassermassen, die sich über ihn ergossen.

Plötzlich spürte er eine Hand auf seiner Schulter.

Michael schrak zusammen und drehte sich um. Hinter ihm erkannte er Herrn Tomsen, den Trainer.

»Komm!«, rief der ihm zu und zog ihn mit in eine Richtung, in die Michael niemals gegangen wäre. Von dort war er gekommen?

Der Trainer ließ Michaels Hand nicht los, während er mit ihm quer über den Platz rannte, bis sie die Umkleidekabinen erreicht hatten. Dort hatten sich die anderen schon längst in Sicherheit gebracht.

»Was ist das denn?«, fragte Michael in die Runde, während sich unter ihm in Sekunden eine riesige Pfütze auf dem Betonboden ausbreitete.

»Ein Regenschauer. Der Winter beginnt. Aber der ist hier in Johannesburg eigentlich trocken«, erklärte Jabali. »Viel regnen tut es nur im Sommer, also von November bis Januar.«

»Trocken?«, hakte Michael nach. »Das nennst du trocken? Und wieso Winter? Wir haben bald Juni.«

Jabali nickte und lachte: »Eben! Wir sind auf der anderen

 Seite der Erdkugel. Aber im Winter regnet es hier nur ein- bis zweimal im Monat!«

»Toll!«, meckerte Michael und schaute an sich herunter. »Und den einen Tag davon hab ich voll erwischt!«

»Stimmt!«, kicherte Ajani und versprach: »Aber morgen wird die Sonne wieder scheinen.

»Morgen?« Michael sah sich unsicher um. »Morgen beginnt das Turnier! Und wir haben noch nicht ein einziges Mal trainiert!«

»Umso spannender wird es morgen«, fand Ajani und grinste Michael mit einem breiten, zufriedenen Lächeln an.

Erst jetzt erkannte Michael, dass Ajani knochentrocken war. Ebenso Jabali. Und der Rest von Ajanis Mannschaft.

»Wieso seid ihr nicht nass?«, wunderte sich Michael.

»Weil wir bei Regen reingehen«, lachte Ajani.

»Aber ...«, wollte Michael nachsetzen. »Der Regen kam doch total plötzlich!«

»Fandest du?«, fragte Ajani nach. »Ich finde, das hat man deutlich gesehen!«

Seine Mitspieler lachten.

Für Michael war es nur ein schwacher Trost, dass auch Lennart klitschnass war.

Linh und Ilka hatten Ajani und die anderen südafrikanischen Jungs gesehen, als sie fluchtartig den Platz verlassen hatten, noch bevor der erste Tropfen gefallen war.

»Ihr lauft vor Regen weg?«, fragte Michael. »Was seid ihr denn für Sportler?«

»Nicht vor Regen«, korrigierte Jabali. »Nur vor so einer Sintflut. Hast du nicht gesehen, wie sich der Himmel plötzlich schwarz färbte?«

Michael musste gestehen, das hatte er nicht bemerkt. So aufgeregt war er gewesen, dass er – der Leichtathlet, der Zehnkämpfer, der, den Lennart stets verhöhnte, wenn er es mit einem Ball zu tun hatte – nun plötzlich in einer südafrikanischen Auswahlmannschaft stand, um Fußball zu spielen. In einem internationalen Turnier. Einer Weltmeisterschaft, wenn man so wollte. Irgendwie fühlte Michael sich groß und stolz. Auch wenn er gar nichts dafür getan hatte, sondern plötzlich in diese Mannschaft gerutscht war . Nur weil …

Plötzlich dachte Michael an die Jungs, die überfallen worden waren und jetzt mit schlimmen Verletzungen in einem Krankenhaus lagen.

»Wisst ihr was?«, rief er den anderen zu. »Wir sollten die Jungs im Krankenhaus besuchen!«

Besuch

Leider blieb den Kindern nicht so viel Zeit für den Krankenhausbesuch, wie sie gern gehabt hätten. Da das Turnier schon am nächsten Vormittag begann, mussten sie noch am selben Abend los. So liefen die Fünf Asse und Ajanis Mannschaft nach dem Abendessen schnell los, um nicht zu spät zur Nachtruhe wieder zurück im Quartier zu sein. Doch dann mussten sie noch eine ganze Zeit lang auf den Sonderbus warten, mit dem sie alle zur Klinik gefahren wurden. Jabali und die anderen hatten nicht so recht verstanden, weshalb sie nicht mit dem öffentlichen Bus fahren konnten, so wie zu Hause auch. Doch Ajanis Vater hielt das für viel zu gefährlich. So mussten die Kinder warten, bis er einen Bus der Sportanlage geordert und einen Fahrer organisiert hatte, da er selbst an diesem Abend keine Zeit hatte.

Linh befürchtete, dass sie viel weniger von Südafrika sehen würde, als sie gehofft hatte. Der Krüger Nationalpark lag nicht allzu weit von Johannesburg entfernt. Den hatte Linh sich in einem Reiseführer ausführlich angeschaut: Fast 2 000 Pflanzenarten wuchsen in dem Park. Über 500 Vogelarten, 120 Arten von Reptilien, 147 Säugetierarten, 52 Fischarten und auch noch 35 verschiedene Arten von Amphibien lebten in dem Park, einem der größten Naturschutzgebiete der Welt. Ganz besonders hatte sie sich auf die Elefanten, Büffel, Löwen und Leoparden gefreut, die man dort entdecken konnte. Ein Paradies für Tiere! Knapp 21 000 Quadratkilometer groß, das entsprach etwa der Fläche des gesamten Bundeslandes Hessen.

Aber ein Ausflug in den Park wäre mit einem hohen Aufwand und erheblichen Kosten verbunden gewesen. Außerdem waren sie schließlich zu dem Turnier eingeladen. Da durften sie die Spiele natürlich nicht verpassen.

Allein in die Stadt durften sie ja wohl auch nicht. Vor der Sportanlage patrouillierten rund um die Uhr vier Polizisten als Wache. Das gesamte Gelände ringsherum wurde videoüberwacht.

Diesen ersten Abend hatte Linh sich anders vorgestellt. Jedenfalls hatte sie es keine Sekunde für möglich gehalten, dass sie gleich

 ein Krankenhaus von innen kennenlernte. Linh schaute die ganze Fahrt über aus dem Fenster und sah nichts als eine trostlose Großstadt mit vielen Baustellen. Überall wurden letzte Vorbereitungen für die bevorstehende Fußball-WM getroffen. Es schien, als hatten sich irgendwie alle etwas Besonderes für die WM vorgenommen. Auch die heruntergekommenen, maroden Holztüren und Fensterläden der kleinen Geschäfte wurden mit frischer Farbe aufgemöbelt. Linh sah, wie ein kleiner, alter Mann versuchte, einen riesigen Fußball aus Plastik, fast so groß wie er selbst, über seiner Eingangstür zu befestigen.

»Die Hoffnung stirbt zuletzt«, sagte Ajani und schüttelte verständnislos den Kopf. Er hatte Linh beobachtet. »Das Ding ist morgen schon verschwunden!«, prophezeite er. »Geklaut oder zerstört! Das geht in diesem Stadtteil blitzschnell.«

Eines der größten Probleme schien tatsächlich die Sicherheit zu sein. Noch nie war Linh an so vielen Polizei-Patrouillen vorbeigekommen wie bei der Fahrt in die Klinik.

Wenigstens freuten sich die drei Jungs aus der Fußballmannschaft sehr über den Besuch ihrer Mannschaftskameraden.

»So ein Mist, Nelson! Das hätte jedem von uns

passieren können!«, fluchte Ajani leise und klatschte einen der Jungs ab, der ihm seinen unverletzten rechten Arm entgegenhielt.

Nelson entsprach innerhalb der Fußballmannschaft auf den ersten Blick dem, was Michael für die Fünf Asse war. Er war für sein Alter enorm groß. Das erkannte man sogar, obwohl Nelson nicht stand, sondern im Bett lag. Er war durchtrainiert, mit einem breiten, kräftigen Brustkorb und muskulösen Armen. Ein echter Athlet. Auf den ersten Blick hätte man ihn nicht unbedingt für einen Fußballer, sondern – wie Michael – eher für einen Mehrkämpfer gehalten. Dass ausgerechnet er hier in der Klinik lag, zeigte, wie überraschend der Überfall abgelaufen sein musste. Sonst wäre Nelson mit Sicherheit in der Lage gewesen, den Angreifer in die Flucht zu schlagen.

Nelson zuckte nur mit den Schultern. »Es ist ärgerlich, aber jetzt kann ich nichts mehr ändern«, sagte er. »Nun müsst ihr Übrigen für uns mitkämpfen.«

Ajani versprach es ihm sofort. Und stellte ihm und den beiden anderen – Tutu und Berta – die neuen Freunde vor.

»Berta?«, fragte Lennart leise nach und erntete einen spötti-

 schen Blick von Jabali und Unverständnis bei Ajani und Nelson.

»Berta ist ein afrikanischer Männername«, flüsterte Jabali Lennart zu.

Lennart zog die Augenbrauen hoch. Das hatte er nicht gewusst.

Jabali nickte ihm zu. »Wirklich. Er bedeutet: stark und lebhaft sein. Stammt ursprünglich aus Äthiopien.«

Lennarts verstorbene Urgroßmutter hieß Berta. Ob die wohl gewusst hatte, dass sie einen afrikanischen Männernamen trug? Die Bedeutung hätte jedenfalls gepasst, soweit Lennart sich erinnern konnte.

Nelson freute sich über den Einsatz von Michael, Lennart und Jabali, die seine Mannschaft unterstützen wollten.

»Danke!«, rief er ihnen zu. »Ich hoffe, ihr seid mindestens so gut wie Tutu und Berta.«

»Klar!«, versicherte Michael selbstbewusst.

Lennart schüttelte nur den Kopf. Ausgerechnet Michael, der schlechteste Fußballer, den Lennart kannte, riss den Mund wieder mal am weitesten auf.

»So gut wie Tutu und Berta?«, wiederholte Ajani. »Sei nicht so bescheiden, Nelson!« Dann wandte er sich an die Fünf Asse: »Nelson war mit Abstand unser bester Spieler. Er beherrscht den Platz und das Spiel wie Messi oder einst Maradona.«

»Messi?«, fragte Michael und kassierte einen leichten Tritt von Lennart in seine Kniekehle. Wenn Michael schon einen der besten Spieler der Welt nicht kannte, sollte er wenigstens den Mund halten.

Aber Michael hielt nicht den Mund, sondern wechselte nur das Thema.

Auch für Linhs Geschmack ein wenig zu forsch preschte Michael weiter vor und fragte, wie denn der Überfall passiert sei. Und vor allem, warum.

»Warum?«, fragte Ajani zurück. »Was meinst du mit: warum?«

»Na ja«, versuchte Michael zu erklären. »Man wird doch nicht einfach so, ohne jeden Grund, auf der Straße überfallen. In der Regel wollen die doch Geld oder klauen einem die Jacke oder ein Handy oder so etwas.«

Michael schaute die drei Jungs, die nebeneinander in dem Zimmer in ihren Betten lagen, fragend an. »Ist euch was geklaut worden?«

Keiner der drei beantwortete Michaels Frage.

Ajani sprang wieder ein.

»Manchmal reicht es, wenn man jemanden falsch anguckt«, erklärte er.

Michael ließ es dabei bewenden. Aber ein Blick hinüber zu Lennart und Jabali verriet, dass er mit der Antwort nicht zufrieden war. Nur weil Linh ihm heimlich einen kleinen Knuff in die Seite verpasste, setzte Michael nicht noch mal nach.

Erst als die fünf wieder draußen vor der Tür standen und einen kurzen Augenblick unter sich waren, wollte Michael von Linh wissen: »Warum hast du mich geknufft?«

Linh schaute sich nach allen Seiten um, ob nicht jemand mithören konnte. Erst dann antwortete sie ihm leise: »Hast du nicht bemerkt, dass ihnen deine Fragen unangenehm waren?«

»Ja, natürlich!« Michael nahm weniger Rücksicht als Linh und sprach gewohnt laut. Es war ihm egal, ob sie jemand hörte. »Deswegen wollte ich es ja erst recht wissen.«

»Wir waren dort zu Besuch«, stellte Linh klar. »Und du benimmst dich wie bei einem Verhör. So etwas tut man nicht!«

»Pfft!«, machte Michael. Er zog eine Grimasse und äffte Linh nach: »So etwas tut man nicht.« Er wandte sich von ihr ab. »Da stimmt etwas nicht, sag ich euch!«

In dem Moment trat Ajani vor die Tür.

Linh warf Michael noch einen warnenden Blick zu. Er sollte jetzt bloß nicht weiterstreiten.

Obwohl es Michael sehr gegen den Strich ging, hörte er wie immer auf Linh und hielt den Mund. Vorerst. Doch die Sache war für ihn noch lange nicht erledigt. Bei nächster Gelegenheit würde er weiterbohren. Der Überfall barg irgendein Geheimnis. Davon war Michael fest überzeugt. Und er würde das Geheimnis lüften.

Das Turnier beginnt

Am nächsten Morgen pünktlich um zehn Uhr begann das Turnier mit einer feierlichen Eröffnungsveranstaltung.

Als gastgebende Mannschaft bestritt Ajanis Mannschaft das erste Spiel. Ein weiterer Nachteil. Nicht genug, dass Ajanis Mannschaft mit ihren neuen Spielern Michael, Lennart und Jabali noch nie zusammen trainiert hatte. Jetzt konnten sie sich ihre Gegner in deren ersten Spielen noch nicht einmal in Ruhe ansehen. Zu allem Überfluss hieß der erste Gegner Brasilien.

Lennart stöhnte auf, als er das hörte. Nur kurz hatte er mit den Brasilianern gekickt. Aber das bisschen, was er von ihnen mitbekommen hatte, hatte ihm schon gezeigt: Die Jungs konnten mit dem Ball umgehen. Ganz im Gegensatz zu dem, was Lennart von Michael und Jabali wusste. Er konnte nur hoffen, dass Ajani und die anderen erheblich mehr vom Fußball verstanden als seine besten Freunde.

Entsprechend dürftig fiel die Ansprache ihres Trainers aus, als er die Jungs nach der Eröffnung und unmittelbar vor Beginn des Spiels noch mal in der Kabine versammelte. Auch der Trainer wusste nicht, was auf sie zukam. Er hatte die Kinder aus Brasilien noch nie zuvor spielen sehen. Der einzige kleine Trost war: Den Brasilianern erging es nicht besser. Auch sie spielten gegen einen für sie vollkommen unbekannten Gegner. Lediglich bei Lennart hatten sie gesehen, dass er ihnen in der Ballbehandlung in nichts nachstand.

Nachdem Herr Tomsen einige Aufwärmübungen auch mit Lennart, Michael und Jabali absolviert hatte, runzelte er die Stirn. Über Lennart konnte er froh sein. Einen Spieler mit einer derart großartigen Ballbehandlung hatte er lange nicht trainiert. Das komplette Gegenteil bot Michael.

»Der Ball und du, ihr werdet sicher keine Freunde mehr«, sagte Trainer Tomsen Michael offen ins Gesicht. »Aber du bist kräftig, kannst dich in Zweikämpfen durchsetzen.« Deshalb überlegte er, Michael in der Abwehr einzusetzen. Jabali als Konditionswunder sollte sozusagen Lennarts »Wasserträger« spielen. Das heißt, Jabali

sollte möglichst jedem Ball nachsetzen, vorn und hinten zu sehen sein und seine Kondition ausspielen. Sobald er den Ball erobert hatte, sollte er ihn zu Lennart spielen, der in Nelsons Rolle als Spielmacher schlüpfte.

»Also«, begann der Trainer seine Ansprache. Lennart konnte ebenso gut sofort weghören. Denn der Trainer sprach Englisch. Eine Sprache, von der Lennart so gut wie nichts verstand. Okay, er konnte »please« und »thank you« sagen und war auch in der Lage, sich eine Limonade zu bestellen oder zu fragen, ob die nächste Busstation in der einen oder der anderen Richtung lag. Aber damit hatte es sich auch schon. Nichts davon konnte er auf dem Fußballplatz gebrauchen, denn weder fuhren auf dem Platz Busse noch konnte man sich irgendwo eine Limonade bestellen. Alles Weitere, was der Trainer ihnen vor dem Spiel mitzuteilen hatte, zog an Lennarts Ohren vorbei wie das Rauschen eines Wasserfalls. Eine Geräuschkulisse, der nicht ein verständliches Wort zu entnehmen war.

Lennart stellte fest, dass er das Gesprochene nicht nur nicht übersetzen konnte. Noch schlimmer, er verstand nicht einmal die Worte an sich.

Der Trainer hatte eine so merkwürdige Aussprache, fand Lennart, dass er nicht einmal bemerken würde, wenn er ein ihm bekanntes Wort benutzen würde.

Lennart stützte den Kopf in die Hände und seufzte leise. Jetzt musste er sich gleich alles von Jabali oder Michael übersetzen lassen. Die verstanden zwar die Worte, aber Lennart bezweifelte, dass die beiden den Inhalt und die Bedeutung der Ansprache begriffen. Dazu verstanden sie viel zu wenig vom Fußball.

Noch bevor der Schiedsrichter das Spiel anpfiff, hegte Lennart keinen Zweifel, dass sie das Spiel verlieren würden. Es blieb lediglich die Frage, wie hoch ihre Niederlage ausfallen würde. Und das ausgerechnet bei so einem Spiel. In ihrer Schule schauten bei wichtigen Spielen vielleicht mal hundert oder zweihundert Leute zu. Aber das war schon die Ausnahme. Das Eröffnungsspiel aber fand in einem benachbarten Mini-Stadion statt, das immerhin Platz für eintausend Leute bot. Und fast alle Plätze waren besetzt! Zu allem Überfluss bestand ein Teil dieses Publikums aus den Grünheimern. Wie auch immer: Die Kulisse beeindruckte Lennart zutiefst. Und gleichzei-

 tig bedauerte er, ausgerechnet jetzt in einer so schwachen Mannschaft spielen zu müssen.

Sein Blick fiel zur Seitenlinie, an der Ilka und Linh auf der Ersatzbank Platz genommen hatten. Der Trainer hatte sie darum gebeten, weil sie ja keine Ersatzspieler mehr hatten und die Bank nicht leer bleiben sollte.

»Dann bin ich hier nicht ganz so allein«, hatte Herr Tomsen ihnen lächelnd gesagt.

Die Brasilianer hatten die Seitenwahl. Daher gehörte den Südafrikanern der Anstoß.

Der Schiedsrichter pfiff das Spiel an. Sofort bekam Lennart den Ball zugespielt. Er spielte gleich weiter zurück zu Michael, der zwar als rechter Verteidiger aufgestellt worden war, aber aus irgendeinem mysteriösen Grund nun direkt hinter ihm im zentralen Mittelfeld stand.

Was tut der da?, dachte Lennart im selben Moment, als er den Ball nach hinten spielte. Die gleiche Frage stellte er sich, als Michael, ohne sich nach einem Mitspieler umzuschauen, den Ball mit aller Wucht nach vorn drosch und wie ein Mann auf der Flucht hinterherhetzte.

Jimmy schaute Lennart mit gerunzelter Stirn an.

Lennart zog die Schultern hoch.

Selbst die gegnerischen Brasilianer waren derart verblüfft über Michaels Spielzug, dass sie für den Bruchteil einer Sekunde einfach nur stehen blieben und dem Ball und dem weißen über den Platz sausenden Jungen verständnislos hinterherstaunten. Dann besann sich aber einer der gegnerischen Abwehrspieler und nahm den Ball lässig an, während Michael wie ein wilder Stier auf ihn zuraste.

Der Brasilianer legte sich den Ball ein bisschen vor, schaute sich weiter um.

Michael kam näher.

Der Brasilianer lief ein paar Schritte vor und damit Michael entgegen.

Jetzt hatte Michael ihn erreicht. Der Brasilianer zog den Ball mit der Sohle zur linken Seite und machte gleichzeitig einen Schritt in dieselbe Richtung. Michael sauste an ihm vorbei wie ein tollwütiges Nashorn, wollte abrupt abbremsen, rutschte dabei aus und schlug lang hin. Der Brasilianer lief nun mit dem Ball los, als ob Michael gar nicht da wäre. Die Grünheimer am Spielfeldrand grölten vor Vergnügen.

»Was tust du denn da?«, schrie Lennart Michael über den halben Platz zu.

»Was denn?«, fragte Micha-

 el erbost zurück. »Wieso steht hier denn keiner?«

Lennart konnte es nicht fassen. Ungläubig schüttelte er den Kopf. Michael schien von den einfachsten Fußballregeln nichts zu wissen.

»Wie soll denn dort einer hinkommen, direkt nach dem Anstoß?«, fragte er. »Spiel doch erst mal zurück oder quer, um langsam das Spiel aufzubauen!«

»Wieso denn langsam?«, fragte Michael allen Ernstes.

Lennart konnte sich nicht weiter mit Michael beschäftigen. Die Brasilianer stürmten und Michael, der eigentlich als Verteidiger eingesetzt war, fehlte nun hinten. Lennart spurtete zurück, um dessen Platz einzunehmen.

Doch natürlich kam er zu spät. Über die freie linke Seite hatten die Brasilianer nun allen Platz der Welt. Der gegnerische Flügelstürmer legte sich den Ball zurecht und flankte. Der Ball erreichte seinen Mitspieler in der Mitte punktgenau. Der nahm den Schuss direkt. Keine Chance für den Torwart. Der Ball schlug links unten in der Ecke ein. Die Brasilianer jubelten.

Der Schiedsrichter pfiff – Abseits!

Eine Fehlentscheidung!, wusste Lennart sofort.

Glück gehabt. Eigentlich hätte der Schiedsrichter die Situation klar erkennen können. Aber in einem Spiel von Kindern pfiff natürlich kein Schiedsrichter von Weltklasse. Nicht einmal eine Liga-Qualifikation dürfte er haben, überlegte Lennart. Und Linienrichter gab es auch keine. In ihrer Altersklasse kam es sogar häufig vor, dass irgendwelche Väter oder Angehörige ein Spiel pfiffen, weil der eingesetzte Amateur-Schiedsrichter – nicht selten selbst noch jugendlich – verschlafen hatte oder so. Mit Fehlentscheidungen musste man demnach auch weiterhin rechnen. Lennart nahm sich vor, bei nächster Gelegenheit seine Mitspieler darauf aufmerksam zu machen. Auf Abseits zu spielen oder ähnliche schlaue Feinheiten schlossen sich aus, weil man sich nicht auf die Qualität des Schiedsrichters verlassen konnte.

Die Proteste der Brasilianer hatten natürlich keinen Erfolg. Und so blieb es beim 0:0. Das Spiel ging weiter mit einem Freistoß für Ajanis Mannschaft, den Ajani, der Libero spielte, selbst ausführte. Er gab den Ball zu Jabali. Jabali gelang es zwar, den Ball zu stoppen. Aber sofort stürmte ein Brasilianer auf ihn zu, was Jabali nervös machte.

Lennart erkannte es. Rannte auf Jabali zu und bot sich an, angespielt zu werden.

»Hier!«, rief Lennart. »Hier!«

Zu spät. Ehe Jabali schaltete, war der Brasilianer schon da, luchste Jabali den Ball vom Fuß und stand in aussichtsreicher Position am Rand des Sechzehners.

»Verdammt!«, entfuhr es Lennart.

Jabali versuchte, seinen Fehler wiedergutzumachen, indem er sofort nachsetzte. Doch der Brasilianer war ihm überlegen. Mit einem einfachen Übersteiger zog er an Jabali vorbei, rannte mit dem Ball eng am Fuß Richtung Außenlinie und spielte hart und flach in den Rücken der Abwehr in Richtung Elfmeterpunkt. Lennart erkannte, wie lichterloh es nun im Strafraum brannte.

Doch Ajani sah es auch. Mit einer blitzartigen Bewegung drehte er sich und warf sich in die Hereingabe. Mit der Fußspitze erwischte er den Ball, bevor der bereitstehende Stürmer hinter ihm ihn direkt hätte nehmen können. Der Ball prallte von Ajanis Fuß aus dem Strafraum heraus, wo aus der zweiten Reihe ein brasilianischer Mittelfeldspieler herangerauscht kam, sofort abzog und mit Vollspann aufs Tor schoss. Instinktiv hob der immer noch am Boden liegende Ajani sein linkes Bein und wehrte den Ball mit dem Knie ab.

»Super!«, lobte Lennart.

Der Ball sprang in hohem Bogen ins Toraus. Eckball.

Lennart konnte sich vorstellen, dass die Brasilianer hervorragend Ecken schlagen konnten. Die Gefahr war also noch lange nicht gebannt.

»Alles decken!«, rief Lennart. Er dachte nicht darüber nach, dass ihn vermutlich überhaupt niemand verstand. Aber wer auch nur ein klein wenig Ahnung vom Fußball hatte, wusste ohnehin, was jetzt zu tun war. Und die einzigen beiden, die keine Ahnung hatten, sprachen Deutsch.

Lennart wies Michael an, wen er zu decken hatte.

Michael schaute ihn verwundert an. »Was willst du denn?«, fragte er.

»Mann!«, fauchte Lennart. »Deck den Langen da. Der steht völlig frei zum Kopfball und ...«

»Es ist doch Abstoß!«, behauptete Michael.

Lennart stutzte. Schaute sich um.

Er sah, wie die Gegner murrend und kopfschüttelnd den Strafraum verließen. Auch seine Mitspieler trollten sich nun langsam aus dem Sechzehner heraus.

Nur Lennart stand noch da, bereit, einen Eckball zu empfangen.

»Was ist denn nun los?«, wunderte er sich.

Jeder Blinde hätte gesehen, dass Ajani den Ball zuletzt berührt hatte. Damit hätte es einwandfrei Eckstoß für die Brasilianer geben müssen.

Der Torwart machte sich nicht so viele Gedanken wie Lennart, legte sich den Ball auf die Linie des Fünfmeter-Raums, nahm Anlauf und schoss den Ball zu Jimmy.

Der erste Angriff von Ajanis Mannschaft rollte.

Jimmy umspielte zwei Gegner, passte dann zum aufgerückten Ajani. Ajani gab direkt weiter auf den Linksaußen, der ungeheuer schnell war. Er spurtete mit dem Ball am Fuß an der Außenlinie entlang. Lennart sah, wie auch Jimmy in der Mitte volles Tempo aufnahm und Richtung linken Pfosten zusteuerte. Lennart ahnte, was die beiden vorhatten. Ehe die Brasilianer es ebenfalls erkannten, war es für sie bereits zu spät. Der Linksaußen spielte einen scharfen Pass flach etwa einen Meter vor den Pfosten. Der Ball und Jimmy erreichten den Punkt gleichzeitig. Jimmy spitzelte den Ball über den heranstürzenden Torhüter hinweg ins lange rechte Eck. Lennart konnte es nicht glauben. Es stand 1:0 für seine Mannschaft! Sensationell!

Dass dieser Führung zwei krasse Fehlentscheidungen des Schiedsrichters vorausgingen, daran dachte Lennart in diesem Augenblick nicht. Er rannte einfach nur jubelnd nach vorn, um Jimmy zu seinem grandiosen Tor zu gratulieren.

Gewonnen!

Das Glück blieb über das gesamte Spiel auf der Seite von Ajanis Mannschaft. Jede strittige Abseits-, Freistoß- oder Eckball-Entscheidung fällte der Schiedsrichter gegen die Brasilianer. So jedenfalls sahen sie selbst das. Lennart sah es nicht ganz so. Er musste sich zwar eingestehen, dass keine einzige unklare Situation gegen sie gepfiffen worden war, aber eine strittige Entscheidung war eben strittig. Die konnte man in die eine oder andere Richtung pfeifen. Oft hatte der Schiedsrichter ja auch eine schlechte Sicht. Ebenso fehlten ihm die Assistenten. Und da es natürlich sowieso keine Fernsehaufnahmen oder Zeitlupe gab, blieben auch die Kritiken an manchen Entscheidungen bloße Behauptungen. Niemand hätte im Nachhinein beweisen können, ob der Schiedsrichter richtig oder falsch gepfiffen hatte.

Lennart nahm die Sache so, wie sie war. Verständlich! Denn seine Mannschaft gewann das Spiel am Ende tatsächlich mit 1:0. Überraschend, auch ein wenig glücklich, wie er zugab. Aber nicht unverdient, fand Lennart. Immerhin waren sie unter äußerst ungünstigen Bedingungen angetreten. Drei Spieler hatten ersetzt werden müssen. Als komplette Mannschaft hatten sie kein einziges Mal trainieren können. Zwei der Ersatzleute – Jabali und Michael – waren alles, nur keine Fußballer. Aber in dem Maße, wie die Brasilianer von Minute zu Minute nervöser geworden waren, hatten Lennarts beide Freunde an Sicherheit und Selbstvertrauen gewonnen. Michael konnte zwar noch immer keinen Ball richtig stoppen und erst recht keinen guten Pass schlagen. Aber im Laufe des Spiels hatte er sich auf seine Tugenden besonnen und war dem Spielmacher der Gegner nicht mehr von der Seite gewichen.

»Bleib an ihm dran!«, hatte Herr Tomsen gefordert. »Und wenn der duschen geht, gehst du mit!«

Mit all seiner Kraft und Athletik war Michael daraufhin um den Brasilianer herumgeschwirrt wie eine lästige Mücke, die man einfach nicht loswird. Irgendwann hatte der brasilianische Spielmacher entnervt aufgegeben und eigentlich gar nicht mehr aktiv am Spiel teilgenommen. Genau das war es, was seine Mitspieler ihm nun

vorwarfen. Während Lennart, Michael und Jabali gemeinsam mit ihrer neuen Mannschaft eine stolze Ehrenrunde um den Fußballplatz drehten und dem Publikum applaudierten, standen die Brasilianer im Pulk am Spielfeldrand und stritten sich.

Ganz offenbar hatten sie bei diesem Spiel einen Sieg fest eingeplant und wurden nun mit der überraschenden Niederlage überhaupt nicht fertig. Auch ihr Trainer nicht. Lennart sah, wie er verärgert auf den Schiedsrichter losging. Doch der ließ sich auf keine Diskussionen ein, wehrte den Trainer mit den Händen ab und verschwand in den Umkleidekabinen.

Lennart hatte die Runde beendet und trabte zu der Ersatzbank, vor der Ilka und Linh standen und den Jungs applaudierten.

»Prima gefightet!«, rief Ilka ihm zu, meinte aber vor allem Jabali und Michael.

Jeder hatte gesehen, wie sehr die beiden sich ohne jedes fußballerisches Talent hatten durchwurschteln müssen.

Michael zeigte sich dementsprechend stolz über seine Leistung und den Sieg über die brasilianische Mannschaft. Jabalis Freude hingegen fiel deutlich gedämpfter aus.

»Ich weiß ja nicht«, warf er zögerlich ein. »Die

meckern alle ganz schön über den Schiedsrichter!«

Michael machte eine wegwerfende Handbewegung. »Quatsch! Die ärgern sich nur über ihre Niederlage!«

Doch auch Ajani teilte Jabalis Zweifel. »Ehrlich gesagt, bei so mancher Entscheidung dachte ich auch: Na ja ...« Zur Verdeutlichung seiner Skepsis wiegte Ajani seinen Kopf hin und her. »Das hätte man auch anders entscheiden können.«

»Wieso das denn?«, empörte sich Michael. »Nun rede mal unseren Sieg nicht so herunter.«

Das wollte Ajani natürlich nicht. Dennoch erging es ihm wie seinem Cousin. Er fand, sie hatten bei einigen Entscheidungen des Schiedsrichters enormes Glück gehabt. Sonst wäre das Spiel womöglich anders ausgegangen. Michael wollte davon nichts hören. Lennart dagegen hatte ja schon ein ähnliches Gefühl wie Ajani und Jabali gehabt. Wenn er in der brasilianischen Mannschaft gespielt hätte, hätte er sich bestimmt auch so aufgeregt. Irgendwie konnte Lennart sie verstehen, auch wenn er das in diesem Moment lieber für sich behielt.

Linh und Ilka hingegen dachten eher wie Michael. Auch sie

wollten die Leistung »ihrer Mannschaft« und ihrer Freunde nicht dadurch schmälern, dass sie die Entscheidungen des Schiedsrichters infrage stellten. Zum Beweis führten sie an, dass der Schiedsrichter normalerweise gar keine Jugendspiele pfiff. Und schon gar keine Spiele von Kindern. Im Gegenteil: Der Schiedsrichter leitete sogar Spiele der PSL, verkündete Ilka.

»Von wem?«, fragte Michael.

»PSL«, wiederholte Ajani. »Premier Soccer League. Unsere höchste Spielklasse. Also wie bei euch die Erste Bundesliga.«

»Wow!«, stieß Michael anerkennend aus. »Ein Profi-Schiedsrichter? Na, dann soll noch mal jemand was sagen!«

Für Michael konnte es keinen besseren Beleg geben, als dass sie aus eigener Kraft, einzig durch ihre gute Leistung gewonnen hatten.

»Moment mal!«, warf Lennart ein. »Wenn der hier in der ersten Liga pfeift, dann ist er doch auch Südafrikaner. Wieso durfte er überhaupt unser Spiel leiten?«

Ajani konnte Lennart beruhigen. »Herr Gavivi kommt aus Kenia. Er ist, glaube ich, nur für zwei Saisons hier.«

Lennart verstand, wunderte sich aber trotzdem.

Denn meistens waren die Veranstalter sehr darauf bedacht, die eingesetzten Schiedsrichter gegen Vorwürfe der Voreingenommenheit gegenüber dem eigenen Land zu schützen, und setzten sie gar nicht erst in solchen Begegnungen ein. Bei einem Spiel Südafrika gegen Brasilien – also Afrika gegen Lateinamerika – einen afrikanischen Schiedsrichter einzusetzen, statt einen Europäer, wirkte schon sehr eigenartig. Aber vermutlich gab es bei diesem Jugendturnier überhaupt nur afrikanische Schiedsrichter. Andererseits: Wie konnten einem Erstliga-Schiedsrichter derart auffallende Fehler unterlaufen? Lennart schwante, dass da irgendetwas nicht mit rechten Dingen zuging.

Noch mehr Überraschungen

Natürlich wurde das Eröffnungsspiel von den anderen Mannschaften mit großem Interesse verfolgt. Der Sieg über die Brasilianer hatte allerdings nicht dazu geführt, dass die südafrikanische Mannschaft, in der Michael, Lennart und Jabali mitspielten, nun als Favorit galt. Im Gegenteil. Die allgemeine Stimmung im Jugendlager verhieß, dass die Brasilianer eigentlich viel besser gespielt hatten, durch unglückliche Schiedsrichter-Entscheidungen allerdings um einige gute Torchancen gebracht worden waren und deshalb das Spiel verloren hatten.

Die Brasilianer galten weiter als Favoriten, erst recht nachdem die nächsten beiden Spiele stattgefunden hatten. Die deutsche Mannschaft mit den Grünheimern gewann gegen Italien knapp mit 1:0. Und die Chinesen unterlagen gegen die USA mit 0:3. Keine Mannschaft hatte aber balltechnisch und vom Spielniveau her so überzeugen können wie die Mannschaft aus Brasilien. Michael ärgerte umso mehr, dass ihr Sieg gegen sie nicht richtig anerkannt wurde.

Als der Trainer die Jungs vor ihrem nächsten Spiel – gegen Spanien – noch mal um sich versammelte, wies er genau darauf hin: »Jetzt müsst ihr beweisen, was ihr wirklich könnt!«, schärfte er ihnen ein. Und: »Diesmal wird ein anderer Schiedsrichter das Spiel leiten. Niemand kann uns also vorwerfen, vom Schiedsrichter begünstigt zu werden. Ihr seid allein auf euch angewiesen.«

Eine Sache, die Lennart sehr entgegenkam. Im Gegensatz zu Michael fand er ja auch, dass einige Entscheidungen des Schiedsrichters nicht ganz astrein gewesen waren. Jetzt konnten sie die Sache wiedergutmachen. Und allen zeigen, was ihre Mannschaft zu leisten vermochte. Allerdings: Insgeheim musste Lennart sich eingestehen, dass seine Mannschaft nicht allzu viel zu bieten hatte.

Leider bewahrheitete sich seine Befürchtung schneller, als ihm lieb war.

Die Spanier führten den Anstoß aus und kamen mit nur drei Spielzügen an die Strafraumgrenze heran, ohne dass jemand der Südafrikaner überhaupt nur den Ball berührt hätte.

»Ran da!«, brüllte Lennart

aus dem Mittelfeld heraus. Doch niemand verstand ihn. Lennart wusste nicht, was »ran da«, auf Englisch hieß. Um Jabali oder Michael zu fragen, blieb auch keine Zeit. Im Gegenteil. Jabali war derjenige, der sich dem stürmenden Spieler jetzt eigentlich in den Weg hätte stellen müssen. Doch Jabali wartete nur ab. In aller Seelenruhe konnte der Spanier einen steilen Pass genau in die Gasse zwischen Michael und Jabali spielen. Beide hatten den Laufweg nicht erkannt, den der Mittelstürmer der Spanier genommen hatte, der jetzt in ihrem Rücken den Ball in die Füße gespielt bekam und dadurch die Gelegenheit hatte, aus nur knapp neun Metern Entfernung aufs Tor zu ballern. Genau das hatte er auch vor. Er holte aus. Michael wollte das Schlimmste verhindern, setzte eine Grätsche an, sprang dem Stürmer in die Beine, der laut aufschrie und zu Boden ging wie ein gefällter Baum. Ein schriller Pfiff ertönte.

»Elfmeter!«, stöhnte Ilka vom Rand aus.

Dieser Schiedsrichter zeigte kein Erbarmen. Ohne zu zögern, zeigte er auf den Punkt. Nicht einmal Michael protestierte. Der Fall war zu klar. Keine zwei Minuten später stand es 1:0 für die Spanier.

»Wie war das noch mal?«, fragte Ilka Linh am

Spielfeldrand. »Was passiert, wenn unsere Jungs verlieren?«

Linh hatte sich die beiden Gruppen und ihre Ergebnisse fein säuberlich auf einem Zettel notiert:

Die bisherigen Spielstände in Gruppe A lauteten:

Südafrika - Brasilien	1:0
Spanien - Ghana	2:0

Jedes gewonnene Spiel brachte drei Punkte für die Siegermannschaft. Bei Punktegleichstand entschied das Torverhältnis zwischen erzielten Toren und Gegentoren über die Platzierung. Spanien hatte mehr Tore als Ajanis Mannschaft geschossen, also ergab sich folgende Tabelle:

1. Spanien	3 Punkte
2. Südafrika	3 Punkte
3. Brasilien	0 Punkte
4. Ghana	0 Punkte

Verlierer Brasilien belegte Platz 3 vor Verlierer Ghana, weil Brasilien nur ein Gegentor kassiert hatte.

Nach der Gruppenphase, also sobald jeder gegen jeden in der Gruppe gespielt hatte, spielten die beiden Gruppenersten im

Endspiel um den Turniersieg und die beiden Gruppenzweiten um Platz 3 und 4. Noch war nichts entschieden. Aber mit einem Sieg gegen die Spanier wäre die Ausgangsposition der Südafrikaner vor dem letzten Gruppenspiel natürlich deutlich besser als bei einer Niederlage.

»Puh!«, stöhnte Ilka. »Was für eine Rechnerei.

Linh stimmte ihr zu. »Jedenfalls wird es schwer für die Jungs, noch den Gruppensieg und damit das Endspiel zu erreichen, wenn sie jetzt gegen Spanien verlieren sollten.«

»Schau mal!« Ilka wandte den Blick kurz vom Platz ab, weil sie den Schiedsrichter Gavivi aus dem ersten Spiel entdeckt hatte. Er stand zwischen den Sitzreihen und dem Ausgang. Plötzlich riss er die Arme hoch und jubelte. Genau wie Linh neben Ilka und Hunderte weitere im Stadion. Ilka schaute zurück zum Platz und sah, dass Südafrika den Ausgleichstreffer erzielt hatte.

»Hast du gesehen?«, freute sich Linh. »Ein echter Fallrückzieher von Lennart! Wahnsinn!«

»Oh nein, das habe ich verpasst!«, ärgerte sich Ilka. Sie sah sich nach der Anzeigentafel um und hoffte, dass dort das Tor in Zeitlupe wiederholt wurde. Doch die elektronische Tafel zeigte nur das neue Ergebnis.

Logisch, dachte Ilka bei sich. Es gab ja keine Kameras. Ohne Kameras keine Bilder.

Auf dem Feld wurde Lennart von seinen Mannschaftskameraden umringt und beglückwünscht.

»Das hättest du sehen müssen!«, begann Linh ihre Schilderung. »Lennart stand vor dem Tor. Jimmy hat geflankt, aber nicht hoch genug und auch noch in Lennarts Rücken. Ein Ball, den man eigentlich gar nicht kriegen kann. Aber dann hat Lennart sich blitzschnell mit dem Rücken zum Tor gedreht. Ist mit dem rechten Bein abgesprungen, hat das linke Bein hochgezogen, um Schwung zu holen, und ist in Rückenlage gekommen. Und dann hat er den Ball mit einem wunderschönen Fallrückzieher mit dem rechten Fuß oben links in den Winkel geknallt.«

Ilka hatte oft gesehen, wie Lennart seinen Fallrückzieher am Kopfballpendel in der Schule trainiert hatte. Jetzt hatte sie leider verpasst, wie er sein Training in die Praxis umsetzte.

Nur weil ihr Blick auf diesem Schiedsrichter Gavivi haftete. Unwillkürlich blickte Ilka wieder zu ihm hin. Jetzt telefonierte er. Seiner Mimik zufolge schien es, als würde er jemandem von dem Ausgleich auf dem Platz berichten.

Er strahlte zufrieden, während er von dem Tor erzählte.

»Seltsam!«, fand Ilka.

Linh fragte, was Ilka meinte.

»Ein Schiedsrichter muss doch neutral sein«, fand Ilka. »Guck mal, wie der sich über das Tor freut.«

»Stimmt«, pflichtete Linh bei. »Wie Lennart schon nach dem ersten Spiel gesagt hat. Als Afrikaner ist er eben nicht neutral, wenn eine afrikanische Mannschaft spielt.«

»Na ja«, beschwichtigte Ilka. »Ganz so eng würde ich das nicht sehen. Also wenn ich ein Spiel sehe, sagen wir Dänemark gegen Argentinien, dann bin ich nicht automatisch für die Mannschaft aus Europa.«

»Nee«, kicherte Linh. »Du kommst ja auch aus Australien.«

Ilka musste nun auch laut loslachen. Denn in diesem Augenblick hatte sie tatsächlich ihre eigene Herkunft vergessen und sich als Deutsche gesehen, weil sie in Deutschland lebte und dort zur Schule ging.

Den Schiedsrichter ließ sie dennoch nicht aus den Augen.

Als auf dem Feld das Spiel wieder angepfiffen wurde, verließ Gavivi das Stadion.

Ilka tippte Linh in die Seite. »Sieh mal. Jetzt haut er ab.«

Linh sah ihm hinterher.

»Das ist doch eigenartig«, fuhr Ilka weiter fort. »Eben noch freut er sich wie bei einem Lottogewinn. Und jetzt interessiert ihn das Spiel nicht mehr?«

»Bestimmt geht er nur auf die Toilette«, vermutete Linh.

Ilka schaute auf ihre wasserdichte Sportuhr. »In vier Minuten ist Halbzeit. So lang hätte der doch noch warten können.«

Linh zuckte mit den Schultern.

»Ich schau mal nach«, entschied Ilka. Und lief dem Mann hinterher.

Linh warf noch einen letzten flüchtigen Blick aufs Spielfeld. Dann folgte sie Ilka. Zwar war die Größe des kleinen Jugendstadions durchaus überschaubar. Dennoch sah Linh die Gefahr, sich hier allein verlaufen zu können. Und wenn sie daran dachte, was Ajani ihnen über die Kriminalität in dieser Stadt gesagt hatte, schien es ihr ratsam, nirgends allein zu bleiben. Sie musste sich beeilen, damit sie Ilka nicht aus den Augen verlor, die in zügigem Tempo die Treppe zum

Ausgang hinauflief. Solange der Schiedsrichter noch nicht zur Halbzeit gepfiffen hatte, konnte man sich gut fortbewegen, ohne vom Menschengedränge aufgehalten zu werden.

Ilka bog Richtung Ausgang ab. Ein Schild in die andere Richtung wies den Weg zu den Toiletten. Somit hatte Ilka doch recht gehabt, schoss es Linh durch den Kopf. Schiedsrichter Gavivi verließ das Stadion. Und das, obwohl er sich so über das Ausgleichstor gefreut hatte. Aber vielleicht hatte er nur etwas zu erledigen und wollte zum Beginn der zweiten Hälfte wieder zurück sein.

Linh rannte weiter und erreichte Ilka jetzt schnell. Denn die war hinter einem Automaten für Parktickets stehen geblieben.

Als sie Linh neben sich entdeckte, zeigte sie gleich hinüber auf den Parkplatz.

Dort stand Gavivi, drehte sich kurz nach allen Seiten um, als ob er prüfen wollte, dass ihn auch niemand beobachtete. Dann ging er auf einen Motorradfahrer zu, der mit laufendem Motor auf seiner Geländemaschine saß und offenbar auf ihn wartete. Die beiden sprachen kurz miteinander. Der Motorradfahrer überreichte Gavivi etwas, das aussah wie ein Briefumschlag. Gavivi steckte ihn sofort in seine hintere Hosentasche. Dann brauste der Motorradfahrer davon, ohne eine Geste der Verabschiedung. Gavivi sah dem Motorrad nicht hinterher, sondern drehte sich sofort wieder von ihm fort und ging mit schnellen Schritten zurück ins Stadion.

Linh und Ilka beobachteten das Motorrad, bis es nicht mehr zu sehen war, und behielten auch Gavivi im Auge.

Linh zog Ilka wachsam aus dessen Blickfeld wieder hinter den Automaten. Er würde sie sicher nicht mit den beiden Mädchen auf der Ersatzbank in Verbindung bringen, aber Linh wollte lieber vorsichtig sein. Doch Gavivi hatte nicht den Bruchteil einer Sekunde in ihre Richtung geschaut. Er ging schnurstracks zurück ins Stadion.

Ilka setzte nach, ohne ihn aber direkt zu verfolgen. Sie ging einfach wieder gemeinsam mit Linh an ihren Platz auf die Ersatzbank zurück, unten am Spielfeldrand, schaute sich aber immer wieder nach Herrn Gavivi um, der diesmal nicht in der Nähe des Ausgangs stehen blieb, sondern in eine Sitzreihe einrückte und sich auf einen freien Platz setzte.

Ilka schaute sich die Reihe weiter an. Da saß der Trainer der Grünheimer, die im Moment

 kein Spiel hatten. Daneben der Trainer der Brasilianer. Des Weiteren einige Herren in Anzügen, die alle ein Schildchen um den Hals hängen hatten, das sie als offizielle Gäste des Turniers auswies. Und daneben ein Jugendlicher, der ein wenig gelangweilt wirkte. Er trug ebenfalls so ein Schildchen, machte ansonsten aber überhaupt nicht den Eindruck eines Offiziellen.

Ilka wies Linh auf den Jugendlichen hin. »Kennst du den?«

Linh schüttelte den Kopf. »Nö. Wieso sollte ich?«

Ilka schilderte, was ihr aufgefallen war.

Linh sah nun etwas genauer hin, kam aber lediglich zu dem Schluss, dass der Jugendliche dort oben auch keinen kannte. Jedenfalls unterhielt sich niemand mit ihm. »Vielleicht der Sohn von irgendeinem Trainer oder so«, konnte Linh sich vorstellen. »Wieso fragst du?«, setzte sie nach. »Gefällt er dir?«

»Pfft!«, antwortete Ilka. Obwohl – jetzt, da Linh sie darauf hingewiesen hatte, musste sie zugeben, dass er ihr sehr gefiel. Nicht nur, weil sie grundsätzlich braune oder schwarze Haut sehr mochte. Das kam nur daher, weil sie sich selbst als viel zu blass empfand und ständig auf die Sonne achtgeben musste. Soweit sie auf die Entfernung erkennen konnte, hatte auch dieser Junge wache, interessierte Augen, denen nichts zu entgehen schien. Genau das, was sie auch an Jabali und Lennart so schätzte.

Plötzlich erweckte tatsächlich irgendetwas die besondere Aufmerksamkeit des Jungen. Er reckte den Hals, als suchte er etwas.

Im selben Moment teilte Linh Ilka mit: »Es geht weiter. Die Spieler kommen zurück.«

Das war es also. Der Junge verfolgte mit äußerster Aufmerksamkeit, was sich dort unten auf dem Platz tat. Im gleichen Moment holte er sein Handy aus der Tasche hervor und – tat nichts damit!

Ilka stutzte. Wartete. Aber nichts passierte. Der Junge schrieb keine SMS, telefonierte nicht, sah sich nichts auf dem Display an. Er hielt es einfach nur in der Hand. Dies aber in einer Art und Weise, als erwarte er jeden Moment einen Anruf. Oder – es kam Ilka absurd vor, aber genau so saß der Junge da – als ob er auf ein Zeichen wartete, endlich telefonieren zu dürfen.

»Irgendwie sehe ich heute Gespenster«, sagte Ilka zu sich selbst. »Mir kommt schon wieder etwas komisch vor!«

»Stimmt«, gab Linh ihr recht. »Mir auch.«

Ilka wunderte sich. »Ja?«

»Ja!«, bestätigte Linh. »Michael spielt jetzt im Sturm. Wieso das denn? Dafür ist der doch viel zu langsam!«

Ilka hatte natürlich etwas ganz anderes gemeint. Dennoch schaute sie jetzt auf den Platz und fand sofort eine Erklärung für die taktische Umstellung durch den Trainer. »Der spielt vorn, damit er hinten die Gegner nicht ummäht und Elfer produziert«, glaubte Ilka.

Linh lachte. »Eine weise Entscheidung!«

Doch dann zeigte Ilka noch mal auf den Jungen.

Linh sah ihn sich an. Und verstand nicht, was Ilka an ihm so merkwürdig fand. »Wieso? Der telefoniert einfach, na und?«, stellte sie fest.

Das tat er jetzt tatsächlich.

Ilka wollte die Sache schon abhaken. Da sah sie, dass Ajanis Mannschaft direkt an der Strafraumgrenze schon einen Freistoß bekommen hatte. Lennart legte sich gerade den Ball zurecht. Die Spanier bildeten eine Mauer.

Ilka schaute zu dem Jungen auf der Tribüne. Er sprach nicht mehr. Hörte er zu? Zwar hielt er sich das Handy noch ans Ohr, aber seine Aufmerksamkeit galt voll und ganz dem Freistoß.

»Achtung!« Linh stieß Ilka in die Seite.

Lennart lief an. Schoss. Der Ball flog über die Mauer. Aber auch über das Tor.

»Schade!«, bedauerte Linh.

Ilkas Blick schoss sofort zurück zu dem Jungen.

Der sagte nur ein Wort. Beendete das Gespräch. Und hielt das Handy wieder nur in der Hand. Wie zu Beginn.

Ilka bildete sich sogar ein, an der Lippenbewegung das Wort erkannt zu haben, das der Junge gesagt hatte: »Failed!« Daneben!

Ilka runzelte die Stirn. Was für ein merkwürdiger Typ.

Ein wichtiger Hinweis

Zu gern hätte Ilka gewusst, mit wem der Junge da telefonierte. Und weshalb so kurz. Und weshalb er etwas durchgab, das im Spiel doch so unbedeutend war: einen Freistoß, der danebenging.

Wieder griff der Junge zum Handy. Ilka drehte sich schnell zum Spielfeld, um zu sehen, was dort geschehen war. Wieder nichts Besonderes: Die Spanier hatten diesmal einen direkten Freistoß zugesprochen bekommen. Jabali, Lennart und Ajani bildeten eine Mauer. Michael blieb vorn und sah sich die Szene von Weitem an. Die anderen Mitspieler versuchten, ihre Gegenspieler abzudecken. Alle rechneten mit einer Flanke, obwohl es sich um einen direkten Freistoß handelte. Aber es waren rund 22 Meter zum Tor, da brauchte man viel Kraft, um scharf und torgefährlich direkt zu schießen. Die Dreier-Mauer galt daher eher als Vorsichtsmaßnahme Ein spanischer Mittelfeldspieler lief an. Ilka fiel auf, dass er schnurgerade auf den Ball zulief. Nicht wie die meisten von schräg oder kurvenartig. Mit Vollspann hämmerte er den Ball aufs Tor. Der Ball zischte direkt auf Jabalis Gesicht zu. Jabali duckte sich instinktiv weg. Der Ball fand so ungehindert seinen Weg zum Tor. Wayne, der Torhüter, reagierte blitzartig. Mit einem gewaltigen Sprung hechtete er auf die Seite, die eigentlich durch die Mauer abgedeckt sein sollte, streckte die Arme so weit aus, wie er konnte, versuchte, wenigstens mit den Fingerspitzen den Ball noch um den Pfosten zu lenken. Doch er kam nicht mehr an den Ball, der zum Führungstreffer der Spanier ins – vom Schützen aus gesehen – obere linke Eck einschlug. 2:1 für Spanien.

Die Anhänger der Spanier auf den Rängen jubelten.

Linh stöhnte laut auf.

Ilkas Blick flog zurück zu dem Jungen, der völlig ruhig und ohne jegliche Emotionen vermutlich das Ergebnis des Freistoßes durchgab.

Jetzt hatte Ilka genug. Sie wollte erfahren, was sich hinter dem rätselhaften Verhalten des Jungen verbarg und wem er vom Spiel berichtete. »Bin gleich wieder zurück!«, gab sie Linh Bescheid. »Ich will mal herauskriegen, was der so komisch über das Spiel zu telefonieren hat.«

Linh grinste. Sie war sich sicher; Ilka interessierte sich mehr für den Jungen als für seine Telefonate.

Okay!«, gab sie Ilka großzügig die Erlaubnis.

Der Junge war nicht einmal überrascht über Ilkas Frage. Oder gar abweisend, wie sie es vielleicht befürchtet hatte. Ganz im Gegenteil, er schien es gewohnt zu sein. Und machte auch überhaupt keinen Hehl aus dem, was er da tat.

»Ich rufe ein Wettbüro in der Stadt an«, verkündete er freimütig. »Bei jedem Freistoß, jedem Tor, jedem Latten- und Pfostenschuss. Bei manchen Spielen auch noch bei jedem Eckball.«

Ilka kam nicht ganz mit. Sie hatte natürlich schon davon gehört, dass man bei Fußballspielen, wie in anderen Sportarten auch, wetten konnte, etwa auf Sieg, Niederlage oder Unentschieden. Lennart hatte mal eine Zeit lang Toto zusammen mit seinem Vater gespielt, aber nie eine größere Geldsumme gewonnen. Aber da ging es auch immerhin um Vereine der 1. und 2. Bundesliga. Dies hier war ein internationales Freundschaftsturnier von Kindern!

Der Junge zuckte nur mit den Schultern. »Eigentlich ist es auch nur ein Testlauf für die Weltmeisterschaftsspiele. Die Anrufer sollen eingearbeitet werden, die Kommunikation und der technische Ablauf geprüft. Aber wenn man das ohnehin schon proben muss, dann kann man auch gleich richtige Wetten abschließen.«

Ilka staunte. Da saßen also Beobachter wie dieser Junge bei irgendwelchen Spielen und gaben den Verlauf der Begegnungen an ihr Wettbüro weiter?

»Wettest du auch?«, fragte Ilka ihn.

Der Junge schüttelte den Kopf. »Nee, ich darf das nicht. Ich muss ja die Dinge durchgeben, auf die gewettet wird. Sonst könnte ich ja leicht schummeln.«

Ilka verstand.

»Und wer wettet?«, fragte sie.

Der Junge lächelte sie mit seinen strahlend weißen Zähnen an. »Rate mal!«

Ilka zuckte mit den Schultern. Sie wusste es nicht. Vermutlich irgendwelche Leute, die in dem Wettbüro saßen. Wenngleich sie zugeben musste: ziemlich viel Aufwand, jemanden mit einem Handy zum Spiel zu schicken, nur damit vielleicht zehn oder zwanzig Leute in dem Wettbüro wetten konnten.

»Die Chinesen!«, antwortete der Junge, um sogleich zu ergänzen: »Die Chinesen und die ganze Welt!«

»Was ist mit den Chinesen?« Linh stand plötzlich neben Ilka und fragte sich, weshalb die das Spiel nicht verfolgte, sondern sich stattdessen über Chinesen unterhielt.

Ilka fasste kurz zusammen, was sie gerade von dem Jungen gehört hatte, und ließ ihn fortfahren, wo er stehen geblieben war: »In dem Wettbüro geben die dann live per Internet durch, dass hier gerade ein Freistoß oder so gepfiffen wurde. Weltweit in den angeschlossenen Wettbüros oder direkt im Internet kann man dann wetten, ob der Freistoß zum Tor führt, ins Aus geht oder an den Pfosten prallt. Sekunden später gebe ich das Ergebnis durch und die Wetter haben gewonnen oder verloren.«

»Irre!«, fand Ilka.

»Und wieso Chinesen?«, fragte Linh nach.

»Der Betreiber dieser Wetten, für die ich arbeite, sitzt in Hongkong. Dort steht auch der Internetserver«, erklärte der Junge, schaute zum Feld und wurde mit einem Mal ganz bleich. »Verdammt!«

»Was?«, fragten Ilka und Linh wie aus einem Munde. Doch dann sahen sie das Drama. Die Spanier lagen sich in den Armen und jubelten. Ihre Fans auf den Rängen tobten vor Freude.

»Ich habe das Tor verpasst!«, stammelte der Junge fassungslos.

»Na ja«, versuchte Ilka ihn zu trösten. »Halb so schlimm.«

»Wie ist es entstanden?«, fragte der Junge. Ihm standen die Schweißperlen auf der Stirn.

Ilka und Linh zuckten mit den Schultern. »Haben wir auch nicht gesehen.«

»Ich muss das wissen. Schnell!« Der Junge wurde immer nervöser.

Er tippte einen der Zuschauer vor ihm auf die Schulter und fragte, wie das Tor entstanden war.

»Eckball. Kopfstoß. Tor!«, antwortete der Zuschauer vor ihm. Und fügte noch an: »Aber der Kopfball war von einem Verteidiger! Eigentor!«

Der Junge sackte niedergeschlagen in sich zusammen.

»Was hast du denn?«, fragte Ilka. »Ist ein Tor für die Spanier wirklich so schlimm?«

Der Junge stierte sie an, als hätte Ilka sich soeben vor seinen Augen in ein Monster verwandelt. »Und ob!«, versicherte er. »Auf einen Eckball kann man wetten. Ich hab's vermasselt. Jetzt bin ich meinen Job los. Nur wegen euch!«

»Moment mal!« Linh hob be-

schwichtigend ihre Hände. »Wir haben erstens nichts getan, außer uns mit dir zu unterhalten. Warum solltest du deswegen gleich deinen Job verlieren?«

»Mann!«, schnauzte der Junge die Mädchen an. »Natürlich wird meine Arbeit überprüft. Im Spielbericht kann mein Chef nachlesen, wie viele Freistöße, Eckbälle und so weiter es gab und wie das Spiel ausgegangen ist. Da darf ich mir keine Fehler erlauben. Dafür geht es um zu viel Geld. Alles muss mit rechten Dingen zugehen!«

»Spielbericht?«

Der Junge ließ seinen Blick zum Himmel wandern, als ob Ilka und Linh von dieser Welt überhaupt nichts verstünden. »Natürlich!«, sagte er. Sein Tonfall wurde merklich ungeduldiger. Man spürte, dass er die Lust verlor, den Mädchen alles zu erklären. Vielmehr steckte er mit seinen Gedanken bereits bei der Frage, wie er seinen Fehler gegenüber seinem Chef erklären sollte und ob es vielleicht doch noch eine Chance gab, seinen Job zu behalten.

»Freistoß!«, rief Linh.

Jetzt wäre dem Jungen beinahe sein zweiter Patzer unterlaufen. Schnell griff er zum Handy und gab durch: »Freistoß für Südafrika!«

Er nahm das Handy wieder vom Ohr. Diesmal führte Ajani den Freistoß aus. Er lief mit vollem Tempo an, holte aus zum Schuss. Die Mauer sprang hoch, um den Ball abzufangen. Doch Ajani schob den Ball quer zum wuchtigen Mittelstürmer der Südafrikaner, der den Ball aus vollem Lauf auf den Kasten drosch. An der Mauer vorbei sauste der Ball direkt auf den Torhüter zu, der diesen Gewaltschuss nur mit den Fäusten abwehren konnte. Doch er erwischte den Ball nicht richtig. Der Ball prallte unkontrolliert von seinen Fäusten ab, direkt Michael vor die Füße, der den Ball nur noch einzuschieben brauchte. Doch Michael war kein Techniker. Der Ball sprang ihm vom Fuß gegen das Knie, holperte ihm zurück vor die Füße. Längst waren zwei Verteidiger zur Stelle, die den Ball aus der Gefahrenzone schlagen wollten. Drei Spieler standen nun um den Ball herum und stocherten mit den Beinen in der Mitte herum wie Eishockeyspieler mit ihren Schlägern nach dem Bully. Und urplötzlich, niemand hatte genau gesehen, wie es geschehen war, kullerte der Ball über die Torlinie.

Michael riss die Arme hoch, schrie seine Freude laut heraus. Das erste geschossene Tor seines Lebens!

Und der Junge am Handy meldete: »Kein Tor! Kein Pfosten!«

»Hä?«, fragte Ilka. »Was soll das heißen: kein Tor? Hast du Tomaten auf den Augen?«

Der Junge blieb ernst. »Der Freistoß führte zu keinem Tor. Es war ein direkter Freistoß, wurde aber nicht direkt ausgeführt. Also haben alle, die auf Freistoßtor gewettet hatten, verloren. Kein Tor.«

Dann nahm er erneut das Handy und meldete: »Tor aus dem Spielverlauf für Südafrika.«

Erneut stutzte er und wurde nachdenklich. Es stand 3:2 für die Spanier. Nach dem, was er allerdings bisher vermeldet hatte, nur 2:2. Schmerzlich erinnerte er sich wieder an seinen dicken Fehler, den Eckball mit dem daraus resultierenden Eigentor übersehen zu haben. Was sollte er nur sagen? Mit nachdenklicher Miene schweiften seine Augen die Sitzreihe entlang und blieben bei einem Mann haften. Panik zeichnete sich auf seinem Gesicht ab.

Ilka und Linh folgten seinem Blick, konnten aber nichts Außergewöhnliches entdecken.

»Der Obmann!«, erklärte der Junge.

»Oppmann?«, fragte Linh nach. »Was ist das denn?«

»Obmann!«, korrigierte der Junge. »Schiri-Obmann. Bei dem werden die Spielberichte abgegeben. Wenn die im Wettbüro den Spielbericht mit meinem Bericht vergleichen, bin ich gleich geliefert. Wie soll ich denen denn verklickern, dass ich einen Eckball und ein Eigentor übersehen habe?«

Dann erst erkannte Ilka den Mann. »Das ist doch Herr Gavivi!«, rief sie. »Der Typ mit den Fehlentscheidungen!«

Der Junge verstand nicht, wovon die Mädchen sprachen. Doch ehe sie es ihm erklärten, hakte Linh nach. »DER arbeitet für euer Wettbüro?«

Der Junge schüttelte den Kopf. »Nein! Aber er bestätigt die Spielberichte der Schiedsrichter. Und meine Meldungen müssen mit den Spielberichten übereinstimmen. Mist!«

»Erklär das mal genauer«, bat Ilka ihn. »Was ist seine Aufgabe?«

»Na, ganz einfach. So wie ich das Spiel für das Wettbüro beobachte, schaut er sich das Spiel für den Fußballverband an. Und prüft, ob der Spielbericht mit dem tatsächlichen Spiel übereinstimmt. Die im Wettbüro brauchen also nur meine Meldungen mit dem abgesegneten Spielbericht des Obmanns vergleichen, um zu sehen, dass ich alles richtig gemeldet habe. Das Wett-

büro gleicht also meine Meldungen mit den Spielberichten ab und gibt sie weiter an die Zentrale in Hongkong. Damit sind die Wetten dann eben amtlich. Ich könnte höchstens Glück haben, dass im Spielbericht nur die Tore vermerkt sind, aber nicht, dass das Tor aus einer Ecke heraus entstanden ist. Und es zusätzlich nicht als Eigentor eingetragen wurde. Vielleicht war noch ein Stürmer mit dem Fuß dran oder so. Alles sehr unwahrscheinlich, aber meine letzte Chance.«

Damit wandte er sich von den Mädchen ab. »Ich muss los!«

»Ich glaube, ich weiß, warum Gavivi bei unserem Spiel so katastrophal gepfiffen hat«, sagte Ilka. Sie zog Linh hinter sich her und lief zurück zur Ersatzbank runter.

Das Spiel ist aus

2:3 verloren. Michael stampfte enttäuscht vom Platz und wurde von Linh empfangen.

»Mach dir doch nichts draus!«, tröstete sie. »Man kann immer mal verlieren.«

»Ja!«, brummte Michael zurück. »Aber nicht durch ein Eigentor!«

Er stampfte an Linh vorbei in die Umkleidekabine, ohne sie anzusehen.

»Dabei war das wirklich Pech«, erläuterte Lennart, der nur wenige Meter hinter Michael an Linh vorbeikam. »Aber er macht sich die größten Vorwürfe.«

Auch Lennart zog weiter in die Kabinen.

Linh schaute zu Ilka, die ebenso langsam kapierte. Offenbar war das 1:3 durch ein Eigentor von Michael gefallen.

Ilka drehte sich schlagartig um, ob sie den Jungen noch sehen konnte.

Er stand noch da, wo zuvor Herr Gavivi gesessen hatte. Er machte ein äußerst betrübtes Gesicht.

Ilka musste ihn nicht fragen, um zu wissen, was passiert war. Im Spielbericht würde genau das stehen, was nicht drinstehen durfte, aber der Wahrheit entsprach: Tor für die Spanier durch Eckball und Eigentor. Der Junge würde seinen Job verlieren.

Ilka lief los, nahm sich aber nicht einmal die Zeit, nach seinem Namen oder seiner Handy-Nummer zu fragen.

Sie hielt sich gar nicht weiter mit ihm auf, was Linh erneut verwunderte.

Ilka rannte an dem Jungen vorbei weiter zum Ausgang des kleinen Stadions.

»Wohin willst du?«, fragte Linh, während sie ihrer Freundin hinterherlief.

Ilka drehte sich nicht um, um zu antworten. Auf gar keinen Fall wollte sie ihr Zielobjekt aus den Augen verlieren.

»Wir dürfen ihn nicht verlieren«, rief sie Linh hinter sich zu, wobei sie die Augen nach vorn gerichtet hielt.

»Wen?«

»Gavivi!«, antwortete Ilka.

Da Herr Gavivi draußen am Straßenrand stehen blieb, hatten auch Ilka und Linh Gelegenheit zu einer kleinen Verschnaufpause.

»Was ist denn bloß los?«, wollte Linh wissen.

»Wie kann man am meisten Geld mit den Wetten machen?«, fragte Ilka in einem Ton, der keinen Zweifel daran ließ, dass sie die Antwort schon wusste. Deshalb rätselte Linh gar nicht erst, zog nur erwartungsvoll die Augenbrauen hoch.

»Wenn man die Ergebnisse vorher kennt!«, lautete Ilkas einleuchtende Antwort.

Dagegen war nichts einzuwenden. Die Frage war nur, woher sollte man ...

Linh schlug sich mit der Hand vor die Stirn.

»Indem man entweder die Spielberichte manipuliert«, zählte Ilka die eine Möglichkeit auf.

»Oder sich die Ergebnisse so zurechtpfeift, wie man selbst gewettet hat«, nannte Linh die zweite Variante des Wettbetrugs.

Und Ilka schloss ihre gemeinsame Vermutung ab: »So wie in dem Spiel Südafrika gegen Brasilien. Brasilien war Favorit. Also erhielt man bei Sieg von Südafrika eine hohe Gewinnquote. Wenn dann noch Anzahl und Ergebnisse der Eckbälle und Freistöße stimmen, kann man schon ein hübsches Sümmchen einsacken.«

Ilka und Linh nickten sich zu. Sie wussten nicht, ob Herr Gavivi wirklich Spielberichte fälschte. Denn diese Methode erschien ihnen

 doch recht riskant. Aber ganz bestimmt hatte er so miserabel gepfiffen, weil dies zu seinen eigenen Wetten passte. Das wiederum bedeutete: Er brauchte jemanden, der die Wetten für ihn abschloss, denn selbst konnte er das als Schiedsrichter schlecht machen.

»Der hat einen Strohmann, darauf wette ich!«, war sich Ilka sicher.

»Strohmann?«, fragte Linh. Von so einem Mann hatte sie noch nie gehört. »So etwas wie eine Vogelscheuche?«

»Nein!«, lachte Ilka. Stolz darauf, dass es mal etwas gab, das sie Linh erklären konnte. Meistens war es umgekehrt. »Strohmann nennt man jemanden, der ersatzweise für jemanden ein Geschäft abschließt, damit niemand mitbekommt, wer wirklich dahintersteckt.«

»Also doch wie eine Vogelscheuche«, beharrte Linh. »Die steht ja auch ersatzweise für den Bauern auf dem Feld und verscheucht die Vögel.«

»Stimmt«, musste Ilka zugeben. »Also ein Strohmann ist wie eine Vogelscheuche, die Geschäfte abschließen kann. Und damit Herr Gavivi unerkannt bleibt, braucht er für seine Wetten so einen Strohmann.«

Linh staunte, dass Ilka das alles wusste. Und

auch darüber, dass sie nun gewissermaßen eine lebende Vogelscheuche jagten.

»Der Typ vorhin auf dem Motorrad!« Das war für Ilka gar keine Frage. Nur, wie konnten sie den wiederfinden? Und wenn, wie ihm den Betrug nachweisen?

»Aber wir müssen es schaffen«, forderte Ilka. »Nicht nur, damit bei diesem Turnier nicht betrogen wird. Vielleicht gibt es so auch noch eine Chance, dass der Junge seinen Job wiederbekommt.«

»Ich weiß vielleicht, wie wir ihn überführen können.« Linh hatte mal wieder eine Idee.

Die Entscheidung

»Das glaube ich nicht!«, rief Ajani empört. »Das … das …!« Er war so fassungslos über das, was Linh und Ilka ihm berichteten, dass es ihm zunächst glatt die Sprache verschlug. Doch dann sprudelte er los: »Das bringt das ganze Projekt hier in Verruf. Unsere ganze Fußballliga. Die ganze Fußball-WM, ach, was sage ich: das ganze Land.« Er gestikulierte dabei wild mit den Armen in der Luft herum, stampfte auf und ab.

Ilka und Linh hatten vor dem Stadion auf ihre Freunde gewartet, nachdem Herr Gavivi in ein Auto gestiegen und weggefahren war. Ajani, Jabali, Michael, Lennart und die Mädchen trotteten zurück zu ihrem Quartier. Auf dem Weg hatte Ilka von ihrem Verdacht erzählt. Die Idee auszuführen, wie man ihrer Meinung nach Herrn Gavivi überführen konnte, dazu war Linh noch gar nicht gekommen.

Immer wieder blieb Ajani stehen, schüttelte den

Kopf, gestikulierte wild. Er war außer sich. Es war so ungeheuerlich, was die beiden Mädchen ihm da erzählten, dass ... dass ... genau: er es am liebsten gar nicht gehört hätte. Er murmelte immer wieder vor sich hin: »Nein, das kann nicht sein. Erstens sowieso nicht, zweitens erst recht nicht Herr Gavivi.«

»Doch!«

Alle wandten sich um.

Nur Ajani wusste sofort, zu wem die Stimme gehörte. »Nelson!«

Die anderen erkannten ihn erst auf den zweiten Blick. Und auch nur, weil Nelson in einer kurzen Sporthose dastand. Das rechte Bein mit einem dicken Verband umwickelt. Mit dem rechten Arm stützte Nelson sich auf eine Krücke. Der linke Arm war eingegipst und hing in einer schwarzen Schlinge. Da Nelson ein Fußballtrikot trug, wirkte er, als hätte er sich soeben in einer heldenhaften Abwehrschlacht auf dem Spielfeld so verletzt. Doch alle wussten, dass Nelsons Verletzungen und Blessuren von dem Überfall auf offener Straße auf ihn und zwei andere Mitspieler herrührten.

»Wie geht es dir?«, fragte Ajani, obwohl man es deutlich sah.

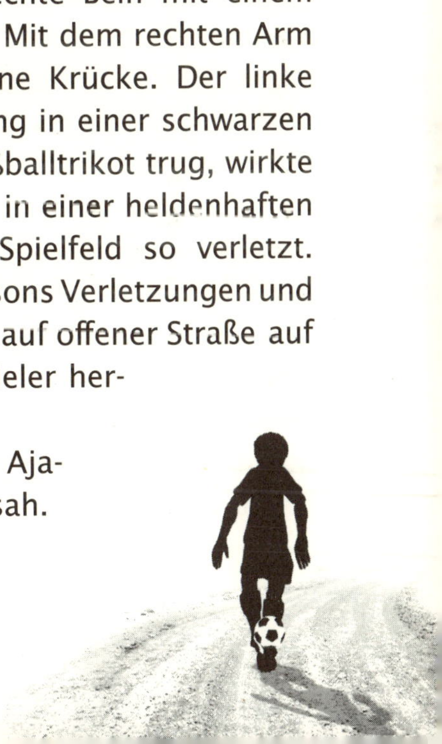

»Vier Wochen keinen Sport«, antwortete Nelson nur.

»Und die anderen?«, fragte Ajani.

»Kommen morgen und übermorgen aus dem Krankenhaus. In vier Wochen sind wir alle wieder dabei!«

»Gott sei Dank!«, atmete Ajani auf.

Doch Nelson empfand es nur als schwachen Trost. »Dann haben wir Winterpause«, erinnerte er. »Aber immerhin kann ich mir ein paar WM-Spiele ansehen. Das Sportprojekt hat uns dreien Karten besorgt!«

Ajani reckte den Daumen. »Super!«

»Ja!« Nelson nickte ihm zu. »Aber nur, wenn die Spiele nicht manipuliert werden.«

»Manipuliert?«, wiederholte Ajani entsetzt.

Nelson nickte mit bitterer Miene. »Ich hab gehört, was ihr ...«, er blickte zu Ilka und Linh, »erzählt habt. Ihr habt recht.«

»WAS?«, entfuhr es Ajani. »Du hast davon gewusst?«

Seine Frage klang vorwurfsvoll. Deshalb hob Nelson ihm die freie linke Hand in der Schlinge abwehrend entgegen. »Wir ...«, begann er zögerlich. Und wurde sogleich erneut von Ajani unterbrochen.

»Wir?« Ajani ahnte, was das »wir« bedeutete. Aber er mochte es nicht glauben.

Doch Nelson nickte. »Ja, Tutu und Berta waren dabei. Wir haben mal zufällig mitbekommen, wie Gavivi einen Geldumschlag erhalten hat«, erzählte Nelson weiter. »Morani, der ihm den Umschlag übergeben hat, wohnt bei Tutu in der Straße. Die Familie ist genauso arm wie Tutus oder wie unsere. Aber plötzlich kaufte sich Moranis Familie einen neuen Fernseher. Und sein großer Bruder bekam ein Mofa. Nagelneu! Da haben wir natürlich nachgefragt.«

»Und?«, fragte Ilka.

»Eine Woche später lagen wir im Krankenhaus!«, fasste Nelson zusammen. »Mit der Drohung, wenn wir etwas sagen, würde es uns noch mehr an den Kragen gehen.«

»Verdammt!« Michael spuckte voller Verachtung auf die Straße.

»Klar! Nicht nur Gavivi macht mit den Wetten viel Geld. Einen Teil davon muss er natürlich Morani abgeben«, sagte Linh.

»Und die Einnahmequelle wollen sich Morani und seine Familie natürlich nicht zerstören lassen!«, folgerte Ilka.

Ajani verstand nun, weshalb die drei Jungs in der Klinik so wortkarg gewesen waren und keine Frage zu dem Überfall beantwortet hatten. Aber jetzt, da die Fünf Asse Gavivis Machenschaften durchschaut hatten, gab es für Nelson keinen Grund, länger zu schweigen.

»Wir müssen etwas unternehmen!« Das war für Ilka völlig klar. Sie wies auf Linh: »Linh hat da eine Idee!«

»Spinnst du?«, fuhr Lennart sie an. »Guck dir mal Nelson an. Und die beiden anderen hast du auch gesehen. Willst du genauso enden?«

»Feigling!«, zischte Ilka ihn an.

Lennart schnappte nach Luft. »Zwischen Mut und Dämlichkeit gibt es einen großen Unterschied«, verteidigte er sich. Und fügte an: »Wir sind hier zu Gast. Was geht uns das an?«

»Pfffft!« Ilka ließ Luft ab wie eine alte Luftmatratze, um sich zu beruhigen und nicht gleich wild auf Lennart loszugehen. »Stattdessen spielen wir bei einem Turnier mit, in dem die Spiele manipuliert werden?«

»Es geht um das ganze Land!«, erinnerte Jabali. »Das hast du doch gesagt, Ajani. Oder?«

Ajani nickte. »Wenn das hier wirklich nur die Probe für die WM ist, dann gute Nacht.«

Ilka presste die Lippen zusammen, verschränkte die Arme und schaute Lennart böse an. Sie brauchte nichts mehr zu sagen. Ihr Blick war eindeutig: Also, Lennart?

»Oh verdammt, Leute!«, stieß Lennart aus. »Das wird eine höchst gefährliche Sache.«

Mit anderen Worten: Er machte mit!

Vorbereitungen

Das letzte Gruppenspiel von Ajanis Mannschaft stand bevor. Gegen Ghana. Nach der Niederlage gegen Spanien war das Risiko, auf einen Sieg für Südafrika zu wetten, noch größer geworden. Und darum war die Wettquote, also der Erlös bei einem richtigen Tipp, noch mal ganz erheblich gestiegen.

Die jüngsten Ergebnisse lauteten:
Brasilien – Ghana 3:0
Südafrika – Spanien 2:3

Daraus ergab sich folgende Tabelle:

	Punkte	Tore
1. Spanien	6	5:2
2. Brasilien	3	3:1
3. Südafrika	3	3:3
4. Ghana	0	0:5

Südafrika hatte durch die Niederlage gegen Spanien leider kaum noch eine Chance auf den Gruppensieg. Nur mit einem hohen Sieg gegen Ghana bei einer gleichzeitigen knappen Niederlage der Spanier gegen Brasilien – wie zum Beispiel 1:2 – konnten die Südafrikaner gerade noch so ins Endspiel rutschen.

In der zweiten Gruppe ging es den Grünheimern ähnlich. Deswegen drückte Michael allen anderen kräftig die Daumen. Um nichts in der Welt wollte er ausgerechnet die Grünheimer im Endspiel sehen.

»Eine ideale Voraussetzung für ein spannendes Turnier«, fand Linh. »Natürlich nur, wenn alles mit rechten Dingen zugeht.« Denn diese Voraussetzungen boten gleichzeitig die besten Bedingungen für einen lohnenswerten Wettbetrug. Und das Spiel von Südafrika würde wieder Gavivi pfeifen!

Eine Voraussetzung dafür, dass Linhs Plan aufging, war, dass der Jugendliche aus dem Wettbüro erschien. Denn er kannte die Details des Wettablaufs.

»Meinst du wirklich, er kommt?«, fragte Ilka skeptisch.

Sie stand gemeinsam mit Nelson und Linh vor dem Eingang des Stadions. Jabali, Ajani und die anderen Jungs waren bereits im Stadion

 verschwunden, um sich auf das entscheidende Spiel gegen Ghana vorzubereiten.

Nelson hatte sich auf eine kleine Mauer am Wegrand gesetzt, weil er mit der Krücke nicht so lange stehen konnte, und nickte ihr zu. »Ich denke schon«, machte er Ilka Mut. »Immerhin besitzt er bestimmt noch die Freikarte für alle Spiele. Warum sollte er sich die entgehen lassen?«

Ilka wiegte den Kopf hin und her. Wenn sie ehrlich war, wusste sie nicht, ob sie sich diese Spiele ansehen würde, wenn nicht gerade ihre besten Freunde auf dem Platz standen. Von den Grünheimern zum Beispiel hatte sie sich nicht ein einziges Spiel angesehen. Und auch sonst keins der anderen Gruppe.

Aber das Stadion füllte sich und so blieb auch die Hoffnung, dass der Junge wiederkehren würde. Immerhin wussten sie, dass er diesen Eingang benutzen würde. Denn dies war der einzige Zugang für die Besitzer von besonderen Freikarten.

»Es wird Zeit!« Linh schaute ungeduldig auf die Uhr. Ausgerechnet Linh. Wenn jemand die Ruhe weg hatte und niemals ungeduldig wurde, dann sie. Soweit Ilka den Jungen verstanden hatte, konnte man zwar während des gesamten Spiels wetten – auf jeden Freistoß, auf jeden Eckball und so weiter –, dennoch beschlich sie das unbehagliche Gefühl, irgendwie zu spät dran zu sein, um die Falle zuschnappen zu lassen.

Außerdem mussten sie noch unbedingt herausbekommen, worauf Gavivi gesetzt hatte, beziehungsweise durch seinen Strohmann setzen lassen hatte. Das konnte ihnen vermutlich am ehesten der neue Spielbeobachter für das Wettbüro sagen. Aber noch hatten sie auch nicht herausbekommen, wer dieser Ersatzmann für den gefeuerten Jungen war.

Am besten wäre es gewesen, wenn einer von ihnen die Rolle übernommen hätte. Doch so schnell ging es nicht, sich gewissermaßen »undercover« in das Wettsystem einzuschmuggeln. So blieb nur, auf den Jungen zu warten und zu hoffen, dass er ihnen helfen konnte und helfen wollte.

»Da ist er!«, rief Ilka.

Unterdessen bereitete sich Ajanis Mannschaft in ganz besonderer Weise auf das Spiel vor. Die komplette Mannschaft saß bereits fertig umgezogen in der Umkleidekabine. Ajani hatte den Trainer gebeten, eine kleine Rede halten zu dürfen, und hatte die Erlaubnis bekommen. In wenigen Worten fasste er zusam-

men, was Linh und Ilka entdeckt hatten, wies darauf hin, wer schuld an dem Überfall auf drei ihrer Mitspieler war und dass es nun darum ginge, den Verantwortlichen für den Betrug am Spiel und die Leiden ihrer Freunde zu überführen.

Der Trainer hörte sich das, was Ajani zu sagen hatte, mit entgeisterter Miene an. Niemand hatte bisher mit ihm geredet und so war alles, wovon Ajani sprach, vollkommen neu für ihn. Wie Ajani konnte auch er kaum fassen, welche Vorwürfe da gegen Herrn Gavivi erhoben wurden. Doch Tutu und Berta waren zurückgekehrt und hatten das, was Nelson berichtet hatte, bestätigt. Ajani musste also niemanden mehr überzeugen. Alle glaubten ihren drei Mitspielern, die nur deshalb Opfer eines brutalen Überfalls geworden waren, damit sie schwiegen und nichts von ihrem Wissen vorbrachten.

Ajani erklärte noch mal kurz Linhs Plan, um Herrn Gavivi so sehr in die Bredouille zu bringen, dass er sich gewissermaßen selbst verriet. Dazu war es notwendig zu erfahren, auf was Herr Gavivi über seinen Mittelsmann gewettet hatte. Hatte er zum Beispiel »vorausgesehen«, dass es im Spiel zwei Elfmeter geben würde, dann würde er diese zwei Elfer auch irgendwann geben.

»Nur danach«, so erläuterte Ajani weiter, »wird er sich auf Teufel komm raus weigern, einen weiteren Elfer zu pfeifen. Denn damit würde er seine eigene Wette versauen. Und genau dann wird einer von uns den Ball im Strafraum mit den Händen fangen. So offensichtlich, dass Herr Gavivi einfach pfeifen muss! Und so machen wir es bei allem: den Eckstößen, den Freistößen und so weiter. Wir zwingen Herrn Gavivi, entweder gegen seine eigene Wetten zu pfeifen oder so deutliche Fehlentscheidungen zu treffen, dass er sich als Schiedsrichter nirgends mehr blicken lassen kann.«

Die Mannschaft applaudierte. Nur Berta leuchtete der Plan noch nicht ganz ein: »Herr Gavivi wird eher seine Wette sausen lassen, als sich so bloßzustellen. Da gewinnt er eben mal nicht. Das kann er sicher verkraften.«

Ajani grinste ihn an. Auf diese Frage war er vorbereitet. Denn Linh hatte auch daran gedacht. Er gab Jabali einen Wink, um Bertas Frage zu beantworten.

»Das ist genau die Aufgabe, die Linh und Ilka in diesem Moment gemeinsam mit Nelson lösen wollen«, erklärte Jabali. »Sie versuchen gerade,

 Gavivis Strohmann Morani zu finden. Aber das klappt nur mithilfe des Jungen, der bisher die Spielverläufe durchgegeben hat. Wir hoffen, dass er an Gavivis Wettschein kommen kann. Wenn unser Plan klappt, dann wird Herr Gavivi in der Halbzeit eine schöne Überraschung erleben.«

Ilka und Linh benötigten nicht lange, um den Jungen für eine Mitarbeit zu gewinnen. Schließlich hatte er seinen Job verloren. Und wenn Linhs Plan aufging, dann bestand immerhin eine kleine Chance, ihn wiederzubekommen.

»Ich bin nämlich überzeugt«, fügte Linh an, »dass dein Wettbüro ehrlich arbeitet und denen sehr daran gelegen ist, einen Betrüger wie Gavivi zu enttarnen.«

Der Junge nickte. Das konnte er sich auch gut vorstellen. Sofort war er mit Feuereifer dabei, den Mädchen zu helfen.

»Wie heißt du eigentlich?«, fragte Ilka.

»Biko«, antwortete der Junge und ließ sich die Namen von Ilka, Linh und Nelson geben.

»Linh?«, fragte er nach. »Bist du Japanerin?«

Linh erklärte ihm, dass sie in Vietnam geboren worden war, aber in Deutschland lebte, genauso wie Ilka, die eigentlich Australierin war.

»Australien?«, schwärmte Biko. »Wow!«

Ilka wunderte sich. Wie konnte jemand, der in einem so traumhaft schönen Land wie Südafrika lebte, sie wegen ihrer Heimat Australien beneiden?

»Südafrika ist groß«, antwortete Biko. »Und schön. Aber nicht hier, wo ich wohne. Eines Tages werde ich von hier fortgehen. Vielleicht nach Kapstadt. Auch deshalb brauche ich den Job.«

»Okay«, kam Nelson zum Thema zurück. »Wir haben nicht viel Zeit. Das Spiel wird gleich angepfiffen.«

Linh stimmte ihm zu und erklärte Biko, worum es ging. Ihre Erläuterung beendete sie mit der Frage: »Kennst du Morani, den Strohmann von Gavivi?«

Biko schüttelte den Kopf. Aber der Name würde sicher ausreichen, um den Wettschein zu finden. »Der Clou an den Wetten ist ja, dass sie weltweit laufen. Vor allem übers Internet. Hier im lokalen Wettbüro werden nur wenige Wetten gesetzt. Da bekommen wir bestimmt heraus, welcher zu Morani beziehungsweise Gavivi gehört.«

»Meinst du?« Ilka blieb skeptisch. »So etwas ist doch bestimmt geheim, oder nicht?«

Biko warf ihr ein freundliches Lächeln zu. »Es geht schließlich auch um einen Betrug am Wettbüro. Da muss man schon mal eine Ausnahme machen. Ich rufe gleich den Chef an. Hat jemand von euch ein Handy? Ich hab kein eigenes.«

Ilka griff instinktiv in ihre Tasche. Dorthin, wo sie sonst immer ihr Handy verstaute. Dann fiel ihr ein, dass ihr Handy in Südafrika nicht funktionierte. Deshalb hatte sie es auch gar nicht erst mitgenommen. Linh erging es ebenso. Und Nelson besaß ohnehin kein Handy.

»Dann muss ich eben hinfahren«, sagte Biko.

Ilka sah sich um, konnte aber kein Fahrrad entdecken.

»Der Bus braucht zwanzig Minuten«, erklärte Biko, als er Ilkas fragenden Blick sah.

Linh seufzte. Ihnen lief die Zeit davon. Aber eine andere Möglichkeit blieb nicht. »Wir kommen mit«, entschied sie.

Doch Biko wiegelte ab. »Der Weg ist nicht ungefährlich. Ihr solltet besser nicht ohne erwachsene Begleitung in die Stadt.«

Ilka und Linh nickten. Biko hatte recht.

»Na also«, setzte Biko nach. »Ich kann keine Verantwortung für euch übernehmen.«

Ilka grinste ihn keck an. »*Ich kann keine Verant-*

wortung für euch übernehmen.« Das klang für sie verdammt nach: »Nun kommt schon!«

»Ich bleib hier!«, erklärte Nelson. Mit seiner Krücke konnte er sich nur schlecht bewegen. Linh erklärte sich bereit, bei Nelson zu bleiben.

So machten Ilka und Biko sich allein auf den Weg. Kaum hatten sie das entschieden, rollte der Bus an. Die beiden mussten sich beeilen, ihn zu erwischen und noch einen Platz zu ergattern.

Das Entscheidungsspiel

Zur gleichen Zeit wurde das Spiel angepfiffen. Nachdem die Spieler alles für ihren Plan geklärt hatten, hatte der Trainer ihnen eingeschärft, die Ghanaer nicht zu unterschätzen, nur weil sie bisher jedes Spiel verloren hatten. Das bedeutete gar nichts, hatte Herr Tomsen gewarnt. Und bis auf die verabredeten Szenen, mit denen sie Gavivi das Handwerk legen wollten, sollte es ein Spiel wie jedes andere werden. Vorerst wusste sowieso niemand, worauf Gavivi gesetzt hatte. Einerseits konnte es gut sein, dass er auf die Südafrikaner im Endspiel gewettet hatte. Andererseits standen die Quoten auf einen Sieg der Ghanaer nicht schlecht. Auch damit ließ sich eine Menge Geld verdienen.

Lennart stand im zentralen Mittelfeld und schaute sich um. Wieder eine tolle Kulisse, fand er. Eine ideale Möglichkeit, sich auf die WM der großen Profis einzustimmen. Wenn das alles nicht unter dem dunklen Schatten von Gavivis Machenschaften stehen würde. Er hoffte sehr, dass Linhs

Plan funktionierte und Gavivi und seinen Helfern das Handwerk gelegt wurde. Er schaute sich um, ob Linh oder Ilka zu sehen waren. Er konnte keine von beiden entdecken. Stattdessen aber die Grünheimer, die mit der kompletten Mannschaft angerückt waren. Auch sie hatten noch eine hauchdünne Chance auf das Endspiel und wollten sich mit Südafrika den möglichen Gegner anschauen. Lennart hoffte, dass Michael ... Doch der hatte sie natürlich auch schon erspäht.

»Schon gesehen?«, rief er gerade zu Jabali hinüber, obwohl Jabali ganz hinten in der Abwehr stand. »Die Grünschleimer sind auch da. Also keine Patzer!«

Jabali gab Michael ein Zeichen, dass er lieber den Anstoß nicht verpassen sollte, der jetzt ausgeführt werden musste. Gavivi hatte das Spiel angepfiffen.

Wie der Trainer vorausgesehen hatte, machten die Ghanaer gleich volles Tempo. Ihre Stürmer rannten auf den ballführenden Mann zu, der schnell abspielte. Aber schon wurde auch der Nächste gehetzt.

Die spielen totales Pressing, erkannte Lennart. Dagegen half nur, den Ball laufen zu lassen,

 damit die Gegner sich totrannten. Um dann im richtigen Moment mit einem langen Pass das Spiel zu öffnen und durch ein, zwei schnelle Spitzen vorn zu Torchancen zu kommen. Genau das hatte ihnen der Trainer auch gesagt. Aber irgendwie schien Jabali das nicht richtig verstanden zu haben. Der trottete nämlich gerade mit dem Ball am Fuß gemächlich Richtung Mittellinie. Und sah nicht, wie gleich zwei Ghanaer wie Raubkatzen, die eine schwache Antilope ausfindig gemacht hatten, auf ihn zustürzten.

»Spiel ab!«, rief Lennart. Er lief sich frei, bot sich an, indem er mit den Armen wedelte. »Spiel ab! Schnell!«

Bloß keinen Ballverlust, dachte Lennart. Nichts wäre schlimmer, als wenn das Pressing der Gegner auch noch von Erfolg gekrönt würde.

»Spiel . . .!«

Da war Jabali den Ball schon los. Erschrocken, als wäre es ein unvorhergesehenes Weltwunder, dass es beim Fußball auch Gegenspieler gab, sah er dem Ghanaer hinterher, der jetzt den Ball führte und schnurstracks aufs Tor zulief. Der andere Ghanaer kreuzte den Weg hinter ihm, um sich im Strafraum zum Anspielen anzubieten. Und prompt kam der Pass. Genau im richtigen Moment. Genau in die Gasse. Der Ghanaer brauchte den Ball nur noch direkt ins lange Eck zu schieben, was er auch tat.

Die Ghanaer jubelten. Die Grünheimer am Spielfeldrand feierten. Lennart fluchte. Und Schiedsrichter Gavivi pfiff Abseits.

Pfiffe schallten von den Rängen. Auch Lennart wusste: Nie und nimmer war das Abseits! Der ghanaische Stürmer hatte extra noch den Pass abgewartet, bevor er volles Tempo aufgenommen hatte. Sein Mitspieler hatte genau im richtigen Moment abgespielt. Aber nun wusste Lennart: Herr Gavivi hatte auf Südafrika gesetzt.

Genau das wussten 40 Minuten später auch Biko und Ilka. Stolz hielt Biko eine Kopie des Wettscheins in der Hand, den Gavivi über Morani hatte setzen lassen.

Auf dem Rückweg blieben Ilka und Biko nicht allein. Herr Bikele, der Leiter des Wettbüros, war natürlich zunächst skeptisch gewesen, als Ilka und Biko ihm von den Vorfällen berichteten. Doch dann hatte er sich entschieden, alles daranzusetzen, den Betrüger zu entlarven. Schließlich ging es auch um das Ansehen und die Existenz seines Wettbüros. Doch bevor sie

die Polizei einschalteten, mussten sie Herrn Gavivi auf frischer Tat ertappen. Linhs Plan begeisterte auch Herrn Bikele. Mit dem Auto fuhr er Ilka und Biko zurück zum Stadion und hatte genau die Überraschung in der Tasche, die Schiedsrichter Gavivi in der Halbzeitpause serviert werden sollte.

Der Zeitplan passte perfekt. Als die drei das Stadion erreichten, waren es nur noch fünf Minuten bis zur Halbzeit.

Nelson und Linh erwarteten die beiden aufgeregt. Als Ilka ihnen Herrn Bikele als den Leiter des Wettbüros vorstellte, wusste Linh, dass ihr Plan funktionierte.

»Und wie läuft es hier?«, fragte Ilka.

»Die Ghanaer sind klar besser«, erzählte Nelson. »Die haben aus ihren Niederlagen gelernt, ein paar Positionen neu besetzt und spielen richtig guten Fußball.«

»Oh!«, wunderte sich Ilka. »Aber hat Gavivi nicht auf Südafrika gesetzt? Das sagt jedenfalls der Wettschein, den wir haben.«

»Deshalb führen wir ja auch 1:0«, ergänzte Linh. »Immer, wenn die Ghanaer gefährlich werden, pfeift Gavivi Abseits oder Foul.«

»Ist das nicht zu offensichtlich?«, zweifelte Biko.

Doch Gavivi war alles andere als ein Anfänger.

In jedem Zweikampf gab es umstrittene Situationen, die man pfeifen konnte oder eben nicht. Gavivi wusste geschickt auf diesem schmalen Grat zu wandern und immer so zu pfeifen, dass die Ghanaer ihren gerade eben herausgespielten Vorteil nicht nutzen konnten.

»Für unsere Zwecke ist das aber ideal«, behauptete Linh. Sie warf einen erwartungsvollen Blick zu Herrn Bikele, der sich schon umsah und schnell fand, wen er gesucht hatte. Der Strohmann von Herrn Gavivi, Morani, stand an der Getränkebude im Stadion, genau dort, wo Herr Bikele sich mit ihm telefonisch verabredet hatte. Dem Plan entsprechend hatte Herr Bikele dem Strohmann erzählt, dass auf dem Wettschein nicht wie üblich 5 000 Rand (etwa 450 Euro) gewettet wurden, sondern das Zehnfache. Der Strohmann Morani war entsetzt gewesen und wollte Herrn Bikele sofort sprechen.

Natürlich war das nur die Falle, die Linh sich ausgedacht hatte. Wenn es für Herrn Gavivi um richtig viel Geld ginge, dann musste er auf dem Spielfeld unbedacht handeln.

»Gleich wird er sich wundern«, schmunzelte Herr Bikele und machte sich auf den Weg.

Linh, Ilka, Nelson und Biko gingen in der Zwischenzeit auf ihre Plätze und warteten gespannt auf den Beginn der zweiten Halbzeit. Sie hofften, dass Jabali, Lennart, Michael, Ajani und die anderen dort auf dem Platz ihre Sache gut machen würden.

An dem Gejohle der Grünheimer am Spielfeldrand erkannte Linh, dass Lennart und die anderen Jungs aufliefen. Da sah sie sie auch schon. Lennart blieb stehen, als er halb auf den Platz gelaufen war, drehte sich um, suchte den Blickkontakt mit Linh. Als er ihn gefunden hatte, streckte er ihr den Daumen empor.

»Alles klar!«, verstand Linh.

Die Grünheimer verstanden diese Geste natürlich völlig anders.

»Ihr führt nur mit Glück!«, rief Tom von den Grünheimern ihm zu. »Der Schiedsrichter ist voll auf eurer Seite!«

»Wenn der wüsste, wie recht er hat«, dachte Lennart bei sich. Aber genau diesem ungerechten und unsportlichen Treiben würden sie jetzt ein Ende bereiten.

»Da kommt Gavivi!«, rief Ilka und tippte Linh aufgeregt in die Seite. »Der sieht plötzlich ganz blass aus!«

»Ja!«, lachte Linh. »Was nicht leicht ist bei einem Schwarzen!«

»Kein Wunder!«, freute sich Ilka.« Jetzt wo er weiß, dass er das Zehnfache auf den Sieg von Südafrika gesetzt hat. 4 500 Euro!

Biko musste mitlachen. »Der wird gleich noch blasser, wenn er Jabalis Eigentor sieht.«

Das war der nächste Teil des Plans. Da Gavivi auf Südafrika gesetzt hatte, mussten sie erst mal den Spielstand ausgleichen. Und wenn Gavivi es mit seinen unfairen Entscheidungen nicht zuließ, dann machten sie es eben selbst.

Schon beim ersten Ballbesitz der Südafrikaner spielte Lennart den Ball zurück zu Jabali. Jabali passte weiter zurück zum Torwart, wobei er den flachen Pass stärker schoss, als er es normalerweise getan hätte. Der Torhüter lief dem Ball entgegen. In die Hand nehmen durfte er ihn nicht bei einem Rückpass. Also tat er, was alle Torhüter getan hätten. Er nahm Anlauf, um den Ball nach vorn zu schießen. Doch wie verabredet, schlug der Torhüter über den Ball in die Luft, während der Ball unter seinem Fuß weiter bis ins Tor kullerte.

Die Ghanaer jubelten.

Der Torhüter sank verzweifelt zu Boden, hielt sich die Hände

 an den Kopf und ließ sich von seinen Mitspielern für seinen groben Fehler trösten.

»Der hätte Schauspieler werden können«, grinste Ilka. Eigentlich war es ihr natürlich überhaupt nicht recht, an so einem abgekarteten Spiel beteiligt zu sein. Aber eine andere Chance gab es nicht, das Turnier zurück zu einem fairen Wettbewerb zu führen.

Herr Gavivi war von dem Torwartfehler derart überrascht, dass selbst ihm kein Vorwand mehr einfiel, das Tor nicht zu geben. Es stand 1:1. Und damit würde Herr Gavivi seine Wette verlieren und nicht nur 5 000, sondern 50 000 Rand verlieren, mehr als 4 500 Euro!

Gavivi würde ihnen zwar alle »Unterstützung« zukommen lassen und versuchen, die Südafrikaner irgendwie mit einem Tor wieder auf die Siegerstraße zu führen. Aber was er noch nicht wusste: Unter keinen Umständen würden die Südafrikaner jetzt noch ein Tor schießen. Genau das hätten sie aber tun müssen, um Gavivis Geld zu retten.

»Der Arme«, fing Linh schon an, ihn zu bedauern. »All seine Mühen werden vergeblich sein!«

»Jetzt hab bloß nicht noch Mitleid mit ihm!«, widersprach Ilka. »Denk lieber mal daran, wie unsere Jungs für die gute Sache leiden!

Damit hatte sie den Nagel auf den Kopf getroffen. Nichts fiel Michael schwerer, als zu verlieren. Wenn er das auch noch absichtlich tun musste, war es doppelt schmerzhaft. Das hatte er natürlich noch nie getan. Jetzt merkte er, dass es noch viel schlimmer war, als er es sich je hätte vorstellen können.

Er verstand nicht, wie es Leute geben konnte, die sich bestechen ließen und mal ein Spiel oder einen Kampf absichtlich verloren, um Geld zu verdienen. Für kein Geld der Welt würde er das tun. Nur jetzt, um Ajani, dessen Vater, dieses Turnier, das gesamte soziale Projekt und vielleicht sogar ein bisschen die Fußball-WM als Ganzes zu retten.

Plötzlich hatte Michael den Ball vor seinen Füßen. Ajani hatte eine Ecke getreten, der ghanaische Torwart einen Fehler gemacht, den Ball unterschätzt und war drunter durchgesprungen. Das Tor war leer. Michael hatte den Ball. Er musste ihn nur noch einschieben. Aber genau das durfte er nicht. So schnell wusste er aber auch nicht, was er mit dem Ball stattdessen anfangen sollte. Deshalb stand er einfach nur da. Zum Glück kam schon ein Abwehrspieler und drosch den Ball fort.

Michael atmete erleichtert auf.

Und Gavivi pfiff Elfmeter!

Ein gellendes Pfeifkonzert schrillte durch das Stadionrund. Angeführt von den Grünheimern, die sich natürlich besonders ärgerten, wie sehr ausgerechnet die Mannschaft bevorzugt wurde, in der drei von ihren Erzfeinden mitspielten.

»Zum ersten Mal freue ich mich über die Grünheimer«, lachte Ilka. »Die machen gut Stimmung genau in unserem Sinne. Ich glaube, Gavivi wird richtig ein bisschen nervös.«

In der Tat hatte Gavivi nicht mit einer solchen Reaktion gerechnet. Etwas unsicher schaute er sich um, ließ sich aber natürlich von den Protesten der ghanaischen Spieler trotzdem nicht beirren und zeigte stur auf den Elfmeterpunkt.

»Ich mach das schon!«, bot Ajani sich an.

Lennart wusste, was er damit meinte: Er würde absichtlich danebenschießen. Gavivi konnte sich auf den Kopf stellen. Die Südafrikaner würden um nichts auf der Welt das Führungstor schießen.

Ajani legte sich den Ball zurecht.

Die Grünheimer protestierten nach wie vor und entfachten das Pfeifkonzert auf den Rängen immer wieder aufs Neue.

Ajani lief an und zimmerte den Ball drei Meter neben das Tor.

»Den hättest auch du schießen können«, lästerte Lennart leise zu Michael. »Du hättest dich nicht mal verstellen brauchen.«

»Sehr witzig!«, meckerte Michael. »Allmählich macht mir das hier keinen Spaß mehr.«

Lennart sah Michael ernst an. »Mach bloß keinen Unsinn!«

Michael winkte ab. »Nein, nein. Schon gut. Ich weiß Bescheid.«

Die beiden wollten sich gerade auf ihre Posten begeben, um den Abstoß des Torhüters abzufangen, als Jabali nach vorn zeigte: »Der Elfer wird wiederholt.«

Lennart und Michael drehten sich erstaunt um. »Wieso das denn?«

»Angeblich hat der Torhüter sich zu früh nach vorne bewegt«, erklärte Jabali. Er zeigte auf den Schiri, der schon wieder umringt war von den ghanaischen Spielern, die erneut vergeblich protestierten.

Die Grünheimer waren außer sich. Das ganze Stadion protestierte mit einem gellenden Pfeifkonzert. Die Stimmung war gegen die Gastgeber umgeschlagen.

»Die armen Jungs!«, bedauerte Linh. »Jetzt sind alle gegen sie. Dabei können sie doch gar nichts dafür.«

»Das wird sich ändern, wenn alles aufgeklärt ist«, hoffte Ilka.

Herr Bikele hatte genug gesehen. »Das reicht!«, sagte er entschieden und suchte Ajanis Vater, der ja zum Organisationskomitee gehörte, auf. Ilka und Linh sahen ihm nach und beobachteten, wie er mit Ajanis Vater sprach, der bald gar nicht mehr glücklich wirkte.

Auf dem Platz musste dennoch der Elfmeter wiederholt werden.

»Wer verschießt jetzt?«, fragte Ajani etwas leichtfertig in die Runde.

»Was soll das denn heißen?«, fragte Herr Gavivi nach, weil er das gehört hatte.

»Nichts!«, wiegelte Ajani ab.

Doch Michael hatte die Nase voll vom Versteckspielen. »Das wissen Sie doch ganz genau!«, blaffte er den Schiedsrichter an. »Wir haben Ihr Spiel durchschaut!«

»Was meinst du damit?«, fragte Herr Gavivi argwöhnisch.

»Hör auf!«, zischte Lennart Michael zu.

Doch Michael war nun nicht mehr zu bremsen.

»Wieso denn? Das wollen wir doch jetzt mal sehen!«

Michael ging forsch auf den Schiedsrichter zu und kniff ihm in die Nase.

Lennart stockte der Atem.

Jabali grinste breit übers ganze Gesicht.

»Na?«, fragte Michael nach. »Jetzt müssen Sie mich vom Platz stellen. Das passt nicht gerade in Ihren Plan, oder?«

Michael hatte recht. Gavivi hatte keine andere Wahl.

Mit säuerlicher Miene zückte er die Rote Karte aus der Gesäßtasche und streckte sie Michael hin.

Tosender Beifall der Grünheimer. Doch diesmal war Michael deswegen nicht sauer. Im Gegenteil. Er applaudierte mit.

Und dann geschah etwas, was Lennart noch nie bei einem Fußballspiel erlebt hatte.

Plötzlich standen sein Trainer, Herr Bikele und Ajanis Vater auf dem Spielfeld.

»Wenn hier einer gehen muss, Herr Gavivi, dann Sie!« Ajanis Vater hielt dem Schiedsrichter den Wettschein vor die Nase. »Morani wird aussagen, da habe ich keinen Zweifel.« Er drehte sich zum Spielfeld und rief: »Das Spiel

wird abgebrochen. Und morgen wiederholt. Mit einem anderen Schiedsrichter.«

»Und wir nehmen das gesamte Turnier aus dem Wettplan«, versprach Herr Bikele.

Lennart, Michael, Jabali, Ajani und der ganze Rest der Mannschaft spendeten nun frenetischen Beifall und jubelten fast so, als ob sie den Einzug ins Finale in einem fairen Spiel geschafft hätten.

Die Ghanaer standen auf dem Platz und staunten Bauklötze.

»Wir erklären euch alles!«, kündigte Ajani dem Spielführer der Ghanaer an. »Heute Abend bei einem Grillfest!«

Sein Blick huschte schnell zu seinem Vater, der ihm in stummem Einverständnis zuzwinkerte.

Auch die Grünheimer wussten überhaupt nicht, was los war, als der Schiedsrichter plötzlich von drei Erwachsenen vom Feld geführt und das Spiel abgebrochen wurde.

Linh ging zu Tom und sagte nur ein Wort: »Danke!«

»Wofür?«, fragte Tom.

»Ihr habt uns dabei geholfen, das Turnier zu retten. Auch, wenn ihr es nicht wusstet.«

Mit diesen Worten drehte sie sich um und ließ den ratlosen Tom einfach stehen.

»Alles Weitere wird er sicher morgen in der Lokalzeitung lesen können«, sagte sie zu Ilka.

»Wenn er Englisch versteht«, grinste Ilka. »Was ich ehrlich gesagt nicht glaube.«

»Und morgen schlägt unsere Mannschaft die Ghanaer, aber mit fairen Mitteln«, war Nelson überzeugt.

Doch genau das tat sie nicht. Denn schon das erste Spiel gegen die Brasilianer war ja von Gavivi manipuliert worden. Deshalb entschied das Team am Abend beim Grillfest, aus dem Turnier auszusteigen. So zogen die Spanier ins Endspiel ein, obwohl sie gegen Brasilien 1:0 verloren. Bei gleicher Tordifferenz hatten sie aber insgesamt ein Tor mehr geschossen. Die Südafrikaner hätten es also tatsächlich ins Finale geschafft, wenn sie gegen Ghana 3:0 gewonnen hätten. So wie Gavivi gewettet hatte. Die Spanier würden im Endspiel auf die Italiener treffen, wie Michael erleichtert feststellte.

Dass sie selbst ausgeschieden waren, machte ihm nicht so viel aus. Dafür hatten sie das Turnier und den Sport gerettet. Und nebenbei in einhelliger Abstimmung den Fairness-Pokal erhalten. Sogar die Grünheimer hatten dafür gestimmt.

Was wollte man mehr?